本研究得到河北省社会科学基金项目（HB14YJ045）、河北省社会发展研究项目（2014040402）、河北省高等学校人文社会科学研究青年拔尖项目（BJ2016071）、河北经贸大学学术著作出版基金和金融学省级重点学科经费的资助。

河北省社会科学基金项目（HB14YJ045）

流动性与资产定价

——基于中国公司债券的研究

王晓翌 著

中国社会科学出版社

图书在版编目（CIP）数据

流动性与资产定价：基于中国公司债券的研究/王晓翌著．
—北京：中国社会科学出版社，2016. 8
ISBN 978 - 7 - 5161 - 8524 - 7

Ⅰ．①流…　Ⅱ．①王…　Ⅲ．①公司债券—研究—中国
Ⅳ．①F832. 51

中国版本图书馆 CIP 数据核字(2016)第 154131 号

出 版 人　赵剑英
责任编辑　李庆红
责任校对　周晓东
责任印制　王　超

出　　版　中国社会科学出版社
社　　址　北京鼓楼西大街甲 158 号
邮　　编　100720
网　　址　http：//www. csspw. cn
发 行 部　010 - 84083685
门 市 部　010 - 84029450
经　　销　新华书店及其他书店

印　　刷　北京明恒达印务有限公司
装　　订　廊坊市广阳区广增装订厂
版　　次　2016 年 8 月第 1 版
印　　次　2016 年 8 月第 1 次印刷

开　　本　710 × 1000　1/16
印　　张　12
插　　页　2
字　　数　178 千字
定　　价　46. 00 元

凡购买中国社会科学出版社图书，如有质量问题请与本社营销中心联系调换
电话：010 - 84083683

前　言

资产定价是金融经济学的核心内容，它主要研究在不确定的条件下，未来金融资产的价格和收益是如何变化的。传统资产定价理论是建立在一系列严格的假定之上的，尤其是假定证券交易是无摩擦的，但是在现实生活中，所有的证券交易都是有成本的，交易成本的主要部分就是证券的流动性，因此流动性与资产定价的关系是一项重要的研究内容。流动性既是市场微观结构的一个显著特征，也是金融市场的一个基本功能，它为金融产品的流通变现提供了机会，也是投资者获得收益的必要前提。在一个缺乏流动性的市场中，金融产品无法按需及时转让流通，投资者可能要蒙受巨大的损失，而筹资者不能达到融资需求，在这样一个市场中，交易难以完成，市场失去了本身所有的功能和效率。在一个富有流动性的市场中，不仅可以完成交易，而且可以为金融市场的正常运转提供保证，促进了资源的有效配置，提高了市场的效率。在交易中投资者会偏好流动性好、交易成本低的证券，但是现实的证券市场又不是完全流动的，同一市场在经济发展的不同阶段流动性不同，相同市场中不同的产品流动性也不尽相同。因此，在研究金融资产定价理论时，需要考虑市场的流动性问题。

中国是一个发展中国家，我国债券市场从成立到现在已经经历了 20 多年的时间，虽然起步早于股票市场，但发展却远远落后于股票市场。尤其是债券市场中的公司债券，发展又严重滞后于国债与金融债，相对于国债与金融债，我国公司债券市场的规模明显偏小，筹资能力比较差，市场流动性不足。2007 年爆发了全球范围的次贷危机，危机波及世界很多国家的金融市场，次贷危机爆发的一个显著特征是公司债券利差的强烈扩大，利差的强烈扩大是债券流动性不足的表现。我国公司债券市场在次贷危机之后表现如何？流动性是否显著下降？在资产定价当中是否有体现？这些都是要关注的问题，因此在我国研究公司债券的流动性与资产定价的关系，更加有必要。通过研究公司债券流动性与资产定价的关系可以更好地完善我国的微观市场结构，降低企业的融资成本，规范市场，降低流动性风险，活跃我国债券市场，提高市场效率。

本书以中国公司债券的流动性问题为研究对象，重点研究了公司债券流动性对资产定价的影响。首先对流动性的有关理论进行了阐述和解释，其次又对资产定价模型和流动性资产定价模型的发展进行了回顾。在流动性和资产定价理论的基础上，本书重点分析了影响我国公司债券流动性的因素和流动性对资产定价的影响，最后针对我国公司债券发展存在的问题提出了政策建议。根据本书的具体思路，内容共分为七章：

第一章，导论。本章主要介绍了论文选题背景和选题意义，并给出了本书研究的主要对象和主要内容，以及使用的研究方法，最后对论文的创新点和不足进行了总结。

第二章，文献综述。本章从国外和国内对已有的文献进行了梳理，国外按照流动性水平与资产定价、流动性风险与资产定价两个角度进行分类整理，国内按照流动性测量、流动性影响因素和流动性溢价三个角度进行汇总，最后对现有的文献进行了评述和研究趋势的展望。

第三章，公司债券流动性的理论解释。本章主要对流动性的有关理论进行了阐述和分析，第一节对公司债券流动性的概念进行了界定，首先界定研究对象是交易所上市的公司债券，又界定了流动性的概念；第二节分析了公司债券流动性的决定因素，主要从市场微观结构、市场交易产品和市场参与者三个方面进行分析；第三节对公司债券流动性的度量方法进行了总结，从流动性的四个维度，按照价格法、交易量法、价量结合法和时间法对流动性进行测量，最后对各种方法进行了比较；第四节给出了公司债券流动性风险的定义和测度方法。

第四章，资产定价相关理论。本章主要从经典资产定价理论和流动性资产定价模型两个方面对资产定价的相关理论进行了总结。经典资产定价理论分析了均值—方差模型、资本资产定价模型、套利定价理论、Fama - French 三因素模型和期权定价模型；流动性资产定价模型主要分析了 Amihud - Mendelson 流动性溢价模型、Jacoby - Fowler - Gottesman 流动性调整模型和 Acharya - Pedersen 流动性风险模型。

第五章，流动性影响因素分析。本章以我国上海证券交易所和深圳证券交易所上市的公司债券作为研究样本，重点研究了哪些因素对流动性产生影响，主要集中在对债券本身属性特征因素的研究，使用换手率、交易天数和交易量作为流动性的代表量，债券的发行规模、息票率、剩余到期时间、行业因素等作为影响流动性的因素，实证研究结果发现，对流动性有显著性影响的是发行量、剩余到期时间和息票率因素，其中发行量、剩余到期时间与流动性之间是负相关关系，息票率对流动性有正的影响效应。根据研究结论认为，债券的信用评级对流动性没有影响。在行业因素当中，金融业的显著性最强，而材料行业没有影响，工业行业的影响非常小，公用事业有一定的影响。另外债券的复杂性因素，例如，债券的可回售性对流动性没有影响。

第六章，流动性与资产定价。本章主要研究了流动性对公司债券价差的影响，即中国是否存在流动性溢价，模型主要包括流动性变量、债券特征变量、交易行为变量和信用风险变量，采用 Amihud 测度、买卖价差、Roll 测度、换手率和零交易日作为流动性的代表量，债券特征变量包括发行量、息票率、期限、行业等，交易行为变量包括交易量和交易间隔时间，信用风险变量用信用等级所代替。通过实证研究发现，我国公司债券流动性对资产定价存在一定的影响，尤其是 Amihud 测度和买卖价差的显著性较强；另外债券的发行量、息票率等因素也对公司债券价差有一定的影响；但是信用风险因素始终不显著。本章又将样本按照信用等级、行业和交易量分为两个子样本，分别进行分析比较，发现信用等级因素不显著，与信用等级越高，流动性越高的研究假设不一致；金融行业债券比非金融行业债券的流动性要高，对公司债券价差的影响也更显著；小规模交易债券比大规模交易债券的流动性要高，对公司债券价差的影响更显著。

第七章，结论与政策建议。本章给出了本书的最终结论，并根据结论对我国公司债券市场的发展给出了政策建议，对进一步的研究做出了展望。

本书的撰写了得到河北省社会科学基金项目（HB14YJ045）、河北省社会发展研究项目（2014040402）、河北省高等学校人文社会科学研究青年拔尖项目（BJ2016071）的资助。本书的出版还得到了河北经贸大学学术著作出版基金和金融学省级重点学科经费的资助，在此表示衷心的感谢！

目 录

图目录

表目录

第一章　导论

第一节　研究背景与意义

一　研究背景

金融市场的微观结构理论是金融学发展的一个新的分支，它研究的核心内容是在金融市场微观结构既定的情况下，金融资产价格的形成过程和原因。Demsetz（1968）发表的《交易成本》一文奠定了金融市场微观结构理论产生的基础，O’Hara（1997）出版的《Market Microstructure Theory》是迄今为止金融市场微观结构理论的权威之作，他认为市场微观结构理论的主要内容包括：证券价格的决定理论、交易者的交易策略和市场质量的研究。证券价格的决定理论是研究在不同的交易体制下，资产价格的形成过程和原因分析，因此主要集中在资产定价领域的研究。市场质量的研究主要涉及衡量证券市场的绩效，而衡量证券市场绩效非常重要的一个方面就是流动性。因此流动性与资产定价是金融市场微观结构理论研究的重要内容。

资产定价是金融经济学的核心内容之一，它主要解释在不确定的条件下，未来的金融资产的价格或价值。Sharpe（1964）、Linter（1965）和 Mossin（1966）提出的资本资产定价模型（CAPM）是经典资产定价理论的核心，它假定：第一，投资者是理性的，在马科维茨模型的基础上严格地进行分散化投资；第二，资本市场是一个完全有效的市场，不存在任何阻碍投资的摩擦。该模型度量了在资本市场均衡的条件下，系统性风险对股票收益的影响。CAPM 模型是在严格的假定之下成立的，而现实市场并不完全满足假定条件，影响资产收益的因素并不仅仅是系统性风险，很多的实证研究都发现，上市公司规模、市盈率（P/E）、财务杠杆比率都对证券收益有很大的影响。由于 CAPM 模型存在缺陷，因此越来越多的研究者开始研究更加合适的资产定价模型。Ross（1976）提出了套利定价模型（APT），该模型认为，一种证券的预期收益率等于无风险利率加上多个因素的风险报酬，但是该模型并没有给出多个因素具体的含义和影响大小。Fama 和 French（1993）提出了一个三因素模型，三个因素分别为市场收益率、小股票组合收益率与大股票组合收益率之差（SMB）、账面市值比高的股票收益率与账面市值比低的股票收益率之差（HML）。他们发现这三个因素都能够较好地解释收益率的差异，但却无法从经济学的角度合理地解释变量的含义。

传统的资产定价理论尽管讨论了影响资产价格收益的多种因素，但都是建立在一系列严格的假定之上的，尤其是假定证券交易是没有成本的，即没有流动性和流动性风险的存在，但在现实生活中，几乎所有的证券交易都是有成本的，所以并不具有完美的流动性。流动性是金融市场的一大基本功能。流动性是市场微观结构中的显著特征，给金融市场中的金融产品的流通变现提供了机会，是投资者获得投资收益的必要前提。在一个缺乏流动性的市场中，金融产品无法按需及时转让流通，投资者可能要蒙受巨大的损失，而筹资者不能达到融资需求，在这样一个市场中，交易难以完成，市场失去了本身所有的功能和效率。在一个富有流动性的市场中，不仅可以完成交易，而且可以为金融市场的正常运转提供保证，促进了资源的有效配置，提高了市场的效率。经典的资产定价理论假设证券交易是没有成本的，但在实际的交易中，几乎所有的交易都是有成本的，都受到流动性的影响。投资者会偏好流动性好、交易成本低的证券，但是现实的证券市场又不是完全流动的，同一市场在经济发展的不同阶段流动性不同，相同市场中不同的产品流动性也不尽相同。因此，在研究金融资产定价理论时，需要考虑市场的流动性问题。

中国是一个发展中国家，我国债券市场从成立到现在已经经历了二十多年的时间，虽然起步早于股票市场，但发展却远远落后于股票市场。尤其是债券市场中的公司债券，发展又严重滞后于国债与金融债，相对于国债与金融债，我国公司债券市场的规模明显偏小，筹资能力比较差，市场流动性不足。2007 年爆发了全球范围的次贷危机，危机波及世界很多国家的金融市场，次贷危机爆发的一个显著特征是公司债券利差的强烈扩大，利差的强烈扩大是债券流动性不足的表现。我国公司债券市场在次贷危机之后表现如何？流动性是否显著下降？在资产定价当中是否有体现？这些都是要关注的问题，因此在我国研究公司债券的流动性与资产定价的关系，更加有必要。通过研究公司债券流动性与资产定价的关系可以更好地完善我国的微观市场结构，降低企业的融资成本，规范市场，降低流动性风险，活跃我国债券市场，提高市场效率。

关于流动性与资产定价的关系的研究已经很多，早期主要关注流动性水平（Liquidity level）对资产价格的影响，具有开创性的是 Amihud 和 Mendelson（1986），第一次提出了流动性溢价（Liquidity Premium）理论，认为流动性差的资产由于较高的交易成本，市场价格应该较低，即流动性低的资产应该有较高的收益。最近的研究开始关注流动性风险（Liquidity risk）与资产定价的关系，有代表性的是 Acharya 和 Pedersen（2005）。以往的大部分研究都主要关注股票的流动性，对债券以及公司债券的研究很少，近几年关于公司债券的研究开始增多，例如 Chen 等（2005）、Longstaff 等（2005）、Chen 等（2007）、Bao 等（2010）都对公司债券流动性对资产价格的影响进行了研究。

本书主要研究中国公司债券的流动性问题，核心是流动性是否对资产定价有一定的影响，在此基础上，对我国公司债券的发展提出政策建议。我们选取的研究对象是在中国证券交易所上市的公司债券。

二 研究意义

（一）理论意义

（1）丰富和发展微观市场结构理论。金融市场微观结构理论主要研究金融资产交易及其价格的形成过程和原因，主要包括对价格发现机制、清算机制、信息传播机制的研究。研究内容涉及证券交易机制、市场参与者的行为和市场质量的研究，而证券交易机制主要研究证券价格的影响因素和形成过程，涉及资产定价的内容，流动性是评价市场质量的重要指标，所以流动性与资产定价是微观市场结构理论的重要内容之一。证券市场的交易机制在现实运行中通过影响市场的流动性等指标进而影响证券价格的变动，因此研究流动性与资产定价的关系，有助于了解交易机制通过流动性对资产价格的影响过程，以及资产价格形成的机理，对于完善我国金融市场微观结构，提高金融市场的效率有极其重要的作用。

（2）完善和促进资产定价理论。资产定价理论是金融理论的核心内容之一，主要研究金融资产的价格是如何被确定的，以及资产价格都和哪些因素有关。经典的资产定价理论是在一系列严格的假设之下成立的，尤其是假设证券市场的交易是没有交易成本的，即忽略流动性和流动性风险的存在，认为证券市场具有完美的流动性。然而在现实市场交易中，流动性和流动性风险总是存在的，Amihud 和 Mendelson（1986）指出“流动性是市场的一切。市场流动性的增加不仅保证了金融市场的正常运转，也促进了资源有效配置和经济增长”。[①] 因此才有很多证券市场的异常现象不能被经典的资产定价理论所解释。研究流动性对资产定价的影响是对经典资产定价理论的进一步发展和完善，在经典资产定价模型中加入流动性和交易成本的因素是理论发展的进一步需要。

（二）现实意义

（1）有助于完善我国公司债券市场的微观结构。流动性是市场微观结构理论的重要内容之一，市场价格的形成方式和交易机制都与流动性有着密不可分的联系。衡量一个市场质量的重要指标主要包括五种：流动性、透明性、稳定性、有效性和公平性，其中流动性是核心指标，是确定一个市场是否有效稳定的根本性因素。我国公司债券市

---

① Amihud, Y., Mendelson, H., “Asset Pricing and the Bid - ask Spread”, *Journal of Financial Economics*, Vol. 17, 1986, pp. 223 - 249.

场已有 20 多年的发展历史，但是距离一个完善的金融市场结构仍相去甚远。我国公司债券市场的发展速度明显滞后于股票市场、国债市场和金融债券市场，利率没有市场化，市场管理的行政干预色彩浓厚，二级市场发展缓慢，市场流动性过低，机构投资者和交易商的需求很小。由于市场流动性过低，市场发展落后，市场价格和信息不能对接，最终影响市场效率，因此基于我国公司债券市场的现实状况，研究公司债券的流动性与资产定价问题对于完善市场微观结构，提高市场运行效率，优化市场资金配置有着重要作用。

（2）有助于指导我国投资者进行科学的决策。经典的资产定价理论假设对于所有的投资者，信息是免费的并且是立即可得的，即每一个投资者都拥有相同的信息，对证券的前景有一致的看法，投资者以同样的方式来处理信息。然而在实际当中，当投资者进行投资决策时，由于受到外界因素的限制，对于信息的掌握和分析能力是有很大差别的，尤其在我国，证券市场受到政策和突发事件的影响非常大，投资者在考虑投资决策时往往更重视这些外部因素，而忽略价格等本身的内在因素。因此，研究流动性问题，在确定金融资产价格时，考虑交易成本，可以为投资者进行理性、科学的决策提供很好的指导作用。投资者在对金融资产定价时就需要考虑流动性因素，对未来的资产收益进行预期时不能只考虑简单的收益，而应该扣除流动性因素的影响。

（3）有助于拓宽企业的融资渠道，增强企业的融资能力。由于我国公司债券市场发展远远滞后于股票市场和国债市场，因此大部分企业的融资手段依然是发行股票，使公司债券这一有效的融资工具无法体现其功能和价值。制约公司债券市场良好的发展的一个重要因素就是流通市场的流动性不足，因此研究公司债券市场的流动性问题可以给企业的融资决策提供建议，发展公司债券市场可以拓宽企业的融资渠道，为企业增强活力、发展多种融资手段提供帮助。研究公司债券流动性对资产价格的影响，使企业在筹集资本时能考虑到流动性、信用风险等因素对资产价格的影响，从而使企业能够获取重要的信息，指导其进一步合理地确定资本结构和降低筹资成本。

第二节 研究内容和研究方法

一 研究内容

本书以中国公司债券的流动性问题为研究对象，重点研究了公司债券流动性对资产定价的影响。首先对流动性的有关理论进行了阐述和解释，其次又对资产定价模型和流动性资产定价模型的发展进行了回顾。在流动性和资产定价理论的基础上，本书重点分析了影响我国公司债券流动性的因素和流动性对资产定价的影响，最后针对我国公司债券发展存在的问题提出了政策建议。根据本书的具体思路，内容共分为七章：

第一章，导论。本章主要介绍了论文选题背景和选题意义，并给出了本书研究的主要对象和主要内容，以及使用的研究方法，最后对论文的创新点和不足进行了总结。

第二章，文献综述。本章从国外和国内对已有的文献进行了梳理，国外按照流动性水平与资产定价、流动性风险与资产定价两个角度进行分类整理，国内按照流动性测量、流动性影响因素和流动性溢价三个角度进行汇总，最后对现有的文献进行了评述和研究趋势的展望。

第三章，公司债券流动性的理论解释。本章主要对流动性的有关理论进行了阐述和分析，第一节对公司债券流动性的概念进行了界定，首先界定研究对象是交易所上市的公司债券，并界定了流动性的概念；第二节分析了公司债券流动性的决定因素，主要从市场微观结构、市场交易产品和市场参与者三个方面进行分析；第三节对公司债券流动性的度量方法进行了总结，从流动性的四个维度，按照价格法、交易量法、价量结合法和时间法对流动性进行测量，最后对各种方法进行了比较；第四节给出了公司债券流动性风险的定义和测度方法。

第四章，资产定价相关理论。本章主要从经典资产定价理论和流动性资产定价模型两个方面对资产定价的相关理论进行了总结。经典资产定价理论分析了均值—方差模型、资本资产定价模型、套利定价理论、Fama – French 三因素模型和期权定价模型；流动性资产定价模型主要分析了 Amihud – Mendelson 流动性溢价模型、Jacoby – Fowler – Gottesman 流动性调整模型和 Acharya – Pedersen 流动性风险模型。

第五章，流动性影响因素分析。本章以我国上海证券交易所和深圳证券交易所上市的 321 只公司债券作为研究样本，重点研究了哪些因素对流动性产生影响，主要集中在对债券本身属性特征因素的研究，使用换手率、交易天数和交易量作为流动性的代表量，债券的发行规模、息票率、剩余到期时间、行业因素等作为影响流动性的因素，实证研究结果发现，对流动性有显著性影响的是发行量、剩余到期时间和息票率因素，其中发行量、剩余到期时间与流动性之间是负相关关系，息票率对流动性有正的影响效应。根据研究结论认为，债券的信用评级对流动性没有影响。在行业因素当中，金融业的显著性最强，而材料行业没有影响，工业行业的影响非常小，公用事业有一定的影响。另外债券的复杂性因素，例如债券的可回售性对流动性没有影响。

第六章，流动性与资产定价。本章主要研究了流动性对公司债券价差的影响，即中国是否存在流动性溢价，模型主要包括流动性变量、债券特征变量、交易行为变量和信用风险变量，采用 Amihud 测度、买卖价差、Roll 测度、换手率和零交易日作为流动性的代表量，债券特征变量包括发行量、息票率、期限、行业等，交易行为变量包括交易量和交易间隔时间，信用风险变量用信用等级所代替。通过实证研究发现，我国公司债券流动性对资产定价存在一定的影响，尤其是 Amihud 测度和买卖价差的显著性较强；另外债券的发行量、息票率等因素也对公司债券价差有一定的影响；但是信用风险因素始终不显著。本章又将样本按照信用等级、行业和交易量分为两个子样本，分别进行分析比较，发现信用等级因素不显著，与信用等级越高，流动性越高的研究假设不一致；金融行业债券比非金融行业债券的流动性要高，对公司债券价差的影响也更显著；小规模交易债券比大规模交易债券的流动性要高，对公司债券价差的影响更显著。

第七章，结论与政策建议。本章给出了本书的最终结论，并根据结论对我国公司债券市场的发展给出了政策建议，对进一步的研究做出了展望。

二 研究方法

本书以金融市场学和证券投资学的理论为基础，运用统计学和计量经济学方法，对我国公司债券流动性问题进行了研究，总的来讲，本书使用了多种分析方法，接下来对各种分析方法进行总结：

第一，理论分析方法。本书使用理论分析方法对流动性理论和资产定价理论进行了总结和阐述，在此基础上研究了我国公司债券流动性和资产定价的关系。

第二，实证分析方法。在理论基础上，本书采用实证分析方法对我国公司债券流动性的影响因素和流动性对资产定价的影响进行了分析，具体采用了多元线性回归分析、百分位数法等多种分析方法。

第三，比较分析方法。本书通过对样本按照信用等级、行业和交易量进行分组，比较不同组中流动性的大小，以及流动性的显著性，通过结合起来使用规范分析和实证分析方法，对流动性在资产定价中的作用展开了深入细致的研究。

第三节 创新点与不足

一 创新点

本书主要研究公司债券流动性是否对资产定价有一定的作用，近年来流动性是研究的热点问题，但是大部分研究都集中于股票市场的研究，尤其是在国内，除了对股票市场进行研究外，只有少数学者对国债市场展开了研究。本书的创新点主要体现在：

第一，研究对象的创新。国内对债券市场流动性的研究主要是国债市场，有少数学者对银行间债券市场的企业债券进行了研究，但是由于企业债券在发行主体和市场功能方面有很大的局限性，它并非真正意义上的公司债券，所以本书只研究交易所上市的公司债券，从研究对象的角度来说，这是一点创新。

第二，研究方法的创新。本书在研究方法上的创新主要体现在对流动性的度量上，在前人研究的基础上，采取了多种测量流动性的方法，包括 Amihud 测度、买卖价差、Roll 测度、换手率、零交易日等，并对各个方法的结果和显著性进行了比较分析，找到了适合我国研究使用的方法。

第三，研究角度的创新。本书按照信用等级、行业和交易量对样本进行分组，并从这三个角度比较分析了实证结果，改单角度分析为多角度分析，使研究视野更加开阔，结论更具有说服力。

二 不足之处

本书的不足之处在于：

第一，流动性的影响因素既包括宏观因素，也包括微观因素，而本书只分析了债券特征因素，这在研究上存在一定的局限性。

第二，由于我国交易所公司债券发展时间较晚，发行的债券数量也比较少，而且债券的每笔交易数据难以获得，因此造成样本量不足，分析不够深入。

第三，流动性风险也是影响资产定价的一个重要因素，在流动性的基础上，应该对流动性风险的作用进一步分析，而本书并没有对这部分内容展开实证分析。

第二章　文献综述

流动性的研究一直方兴未艾，美国次贷危机后，对它的关注有增无减。现有大量文献已从流动性对股票市场的影响进行了广泛研究，且从宏观领域扩展到微观领域。而对于流动性对债券市场尤其是对公司债券的影响，在最近几年成为热门的研究领域。对于我国而言，股票市场是新兴市场且已有部分学者进行了相关研究，但是对于公司债券市场流动性问题的研究却寥寥无几。因此，总结和借鉴国外对于流动性的研究成果，在此基础上研究我国公司债券市场的流动性问题是后危机时代金融市场研究的核心之一。

本章分为三个部分，在第一部分从流动性水平与资产定价、流动性风险与资产定价两个方面对国外研究进行了总结和梳理，在第二部分对国内的研究进行了综述，主要包括流动性的测量、流动性的影响因素和流动性溢价三个方面，第三部分是对现有文献的评述及未来研究趋势。

第一节　国外研究综述

一　流动性水平与资产定价

流动性是市场微观结构研究的主要内容之一，经典的资产定价理论假设市场是不存在摩擦的，即拥有完美的流动性，但在实际的市场运行过程中，交易成本无处不在，因此在对资产的价格进行分析时，必须要考虑流动性的因素。最早系统地对流动性对资产定价影响进行研究的是 Amihud 和 Mendelson（1986），第一次完整地提出了“流动性溢价”理论，认为资产的流动性是决定资产价格的一个重要因素，并认为资产流动性与其未来收益呈负相关关系。这一理论的提出引起了巨大的反响，并广泛地应用到此后的研究中，但早期的研究主要集中在股票市场，并且大多数研究者都得出了股票流动性与其未来收益呈反向变动关系。

随着公司债券的发展，市场透明度进一步提高，交易开始增多，公司债券的交易数据也能够获得，因此对公司债券流动性的研究开始逐渐得到关注。从流动性水平的角度对资产定价的影响进行研究，主要是考察流动性水平是否对公司债券利差有影响，主要是用公司债券价差对流动性代表量和其他风险变量做回归分析。

Chakravarty 和 Sarkar（1999）分析了 1995—1997 年美国公司债券、市政债券和政府债券的实现的买卖价差的决定因素，对于每一只债券首先计算它一天中的平均购买价格和平均出售价格，将平均出售价格和平均购买价格之差作为实现的买卖价差。代表债券特征的变量包括债券的到期时间、年限和购买的交易量，在控制了信用风险变量之后，发现在这三个市场中流动性都是实现买卖价差的一个重要的决定因素。

与 Chakravarty 和 Sarkar（1999）类似，Hong 和 Warga（2000）使用有效买卖价差作为被解释变量，在数据上选取纽约 ABS① 市场和美国 CAI② 做市商市场交易数据，在有效价差的计算上，仍然是将每天的平均要价（ask price）减去平均出价（bid price），但不同的是考虑了以美元计算的交易量的权重，在变量的选取上包括债券特征的年限、赎回性、发行量、信用等级和交易量等因素，结果表明对于所有等级的债券来说，买卖价差都和流动性变量有关。

Huang 和 Huang（2003）研究公司债券利差多大程度上可以被信用风险所解释，他们使用了结构违约风险模型，利用风险溢价对公司债券的违约风险进行定价，得出结论，模型预测的信用价差比现有的

① Asset - backed security，资产担保债券。

② Capital asset international.

价差要小，并且信用风险只能说明公司债券利差的一小部分。Elton等（2001）认为，公司债券利差不能完全被信用风险和税收所解释，它的另外一部分是和风险溢价相关的。Collin - Dufresne 等（2001）使用经纪人的报价和交易价格，来研究信用价差变化的决定因素，在回归分析中加入违约率和回收率等多种代表量，结果证明，这些变量只能解释信用价差变化的25%，因此得出结论信用价差不能只由信用风险来解释。

由于信用风险不是解释信用价差的主要因素，而流动性在公司债券利差中的作用越来越重要，因此很多学者致力于研究流动性溢价问题。Houweling 等（2005）使用了九个不同的流动性代表量——发行量、上市情况、是否以欧元计价、是否新发行债券（on - the - run）、期限、缺失的价格（missing prices）、收益率的变动、交易者数量和收益离散度（yield dispersion）来测量流动性，研究流动性是否被定价。在使用 Fama 和 French（1993）模型对债券投资组合的利率风险、信用风险、到期日和债券等级进行控制之后，发现了显著的流动性溢价，流动性组合和非流动性组合的溢价差异在13—23个基点。

Covitz 和 Downing（2007）主要为了解释“信用风险之谜”和流动性之间的关系，他们选取少于35天到期的商业票据的利差作为研究对象，分别运行了利差关于信用风险和利差关于流动性两个回归方程，结果表明流动性是利差的决定因素，并且对于短期利差而言信用风险是主要的决定因素。Longstaff 等（2005）在债券的价差中减去违约互换利率，这部分是作为公司债券利差无风险的部分来研究的，结果证明，在债券利差变化的横截面和时间序列上，利差的无风险部分都是和非流动性显著相关的。Chen 等（2007）运行了公司债券利差对信用风险和流动性代表量的回归，结果表明，信用风险不能完全解释债券利差，而代表流动性的三个变量都是显著的，这三个变量分别是：买卖价差、零收益率（zero returns）、LOT。①

Bao 等（2011）使用价格变化协方差的负数测量公司债券的流动

① 由 Lesmond、Ogden 和 Trzcinka（1999）提出，因此得名“LOT”测量方法。

性，结果表明公司债券的流动性和公司债券的特征是相关的，并随着债券的期限增加逐渐增加，随着发行规模增大而逐渐减少。债券的流动性对公司债券的定价有重要含义，在解释时间序列债券变化方面，流动性的总变化是一个主要因素。

使用买卖价差衡量市场流动性的研究很多，如在加拿大国债市场与美国国债市场，Tanner 和 Kochin（1971）采用报价价差对加拿大国债流动性的衡量研究；在美国公司债、政府债和市政债市场，Chakravarty 和 Sarkar（1999）采用实际价差对三种债券市场流动性的研究，发现流动性对已实现价差起决定作用。除了买卖价差，一些学者使用交易额或交易成本或换手率来衡量债券市场流动性，如在日本国债市场，Mason（1987）采用交易额作为流动性指标研究了该市场流动性情况；在美国国债市场，Kamara（1994）采用换手率衡量了该市场的流动性；Lesmond、Ogden 和 Trzcinka（1990）使用 LDV 估计量衡量交易成本，发现 LDV 估计量对交易成本估计更有准确性，可以用来对债券市场流动性进行衡量；Lassak（1991）运用国债未交易的时间间隔测度德国国债市场上的流动性，还有很多学者使用多种衡量指标对债券市场流动性进行了研究分析，如在东京、伦敦和纽约三个市场，基于日内高频数据，Fleming（1997）运用买卖报价价差和交易额对美国国债的流动性特性进行了刻画。在美国国债的现货和期货市场，同样基于日内高频数据，Fleming 和 Sarkar（1999）衡量了该市场的流动性，测度指标包括买卖报价价差、实际价差、有效价差、交易频率、交易额和参与者数量。同样在美国国债市场，Fleming（2001）使用新旧债券收益率差、买卖报价价差、报价深度、价格影响系数、交易额和交易频率进一步地研究了该市场的流动性；在挪威国债市场不同的是，Fleming 使用换手率、买卖报价价差、指令簿委托买卖深度和实际价差衡量了该市场的流动性。Jankowitsch、Maosenbache 和 Pichler（2002）对法国、德国、西班牙、荷兰、奥地利和意大利这六个不同市场的流动性进行了对比研究，运用的流动性衡量指标有债券发行量买卖报价价差、做市商数量、新债券变量和基准国债变量。在加拿大国债市场，DSouza、Gaa 和 Yang（2003）采用价格影响系数、买卖报价价差、交易频率、报价深度和交易量对该市场流动性进行了测度。在西班牙国债市场，Diaz 和 Navarro（2003）使用换手率和交易量研究了该市场的流动性水平。

二 流动性风险与资产定价

流动性风险是指由于金融资产的流动性变化而带来的遭受损失的可能性，通常用流动性的波动情况来衡量流动性风险的大小。由于流动性对资产价格的变化有影响，所以流动性的波动情况也会影响资产价格的变化，因此在资产定价当中也应该包含流动性风险要素。

早期的研究从国债市场开始，研究结果证明债券的收益影响了流动性的特征，并且债券收益对流动性风险有反应。Amihud 和 Mendelson（1991）比较了到期时间相同的短期国库券（treasury bills）和中期国债（treasury notes）的收益差异，结果表明中期国债的到期收益比短期国库券的收益要高，而这种差异产生的原因是由于短期国库券的流动性高于中期债券（流动性是用买卖价差和交易商的佣金测量的）。Kamara（1994）也比较了中期国债和短期国库券的利差，认为两者之间利差会随着流动性风险的增大而增大，流动性风险用债券收益的变化和短期国库券与中期债券的换手率的比率来衡量。

Warga（1992）为了发现流动性溢价存在的依据，首先从新债的角度，通过将包含新债的国债组合和不包括新债的国债组合进行比较，比较两者之间收益率的高低。Elton 和 Green（1998）主要研究了影响价格发现的因素，他们基于美国交易商之间的交易情况，采用国债经纪人市场的日数据，从税收作用和流动性两个方面进行研究，结论表明：税收效应和流动性效应真实存在，但流动性对国债定价的影响较为微弱。Shen 和 Star（1998）主要研究了流动性指标对国债收益率差异的解释度，探索其是否可以显著解释国债的收益率差异。他们在研究过程中的解释变量为买卖价差，实证结果表明，流动性对国债收益率的差异有着很好的解释度。Goldreich Hanke 和 Nath（2003）的研究结论说明了新旧债券之间的收益率差很大部分原因是新旧债券之间的流动性差异造成的。

股票市场上关于流动性风险的研究已经很多，比较有代表性的是

Pastor 和 Stambaugh（2003）与 Acharya 和 Pedersen（2005）。Pastor 和 Stambaugh（2003）从一个独特的角度研究流动性，用订单流引起的价格变动作为市场流动性的测量变量，研究发现股票的预期收益与收益对总体流动性变化（fluctuations in aggregate liquidity）的敏感性正相关，证明市场总体流动性对于股票定价是一个重要的因素。Acharya 和 Pedersen（2005）开创性地提出了流动性调整的资本资产定价模型（liquidity - adjusted CAPM），使用 Amihud（2002）的方法测量流动性，从三个方面衡量流动性风险：个股流动性与市场流动性的协方差、个股收益和市场流动性的协方差、个股流动性和市场收益的协方差，结果显示这三种协方差导致了风险溢价的差异，个股流动性和市场收益的协方差尤其重要，这一点在之前的研究中是没有发现的。

流动性水平与资产均衡价格之间存在相应的效应关系，Jang 等（2007）的研究证明了此种效应关系为一阶效应。Hong 和 Warga（2000）主要研究了由流动性水平产生的流动性溢价情况。他们首先利用信用评级和债券期限，对债券价格中的信用风险和利率风险进行控制；然后，建立线性回归模型，这种模型是基于收益价差、流动性衡量指标和间接流动性代理变量而建成的。与 Hong 和 Warga 不同的是，在信用风险和利率风险的控制方面，Houweling、Mentink 和 Vorst（2005）则引入了信用因子和风险因子，这两种因子最早由 Fama 和 French 提出，他们首先利用间接流动性代理变量来构建债券组合，这些债券组合具有不同的流动性，间接流动性代理变量包括发行量、计价货币、收益波动率、收益离散程度、债龄、债券新旧程度、无交易的交易天数、上市状况以及市场参与者数量等。然后，检验流动性溢价成分是否存在于不同债券组合市场定价模型中，是根据 Fama 和 Freneh 的模型完成的，通过这个模型还可以考量在不同债券组合之间，流动性溢价是否存在显著的差异，即债券组合率风险。这个研究在利用信用因子控制信用风险的基础上，对于市场交互影响以及整个固定收益证券市场的流动性状况，则分别采用了股票市场回报和波动以及国债市场流动性代理变量进行控制。

此外，关于公司债券收益价差及流动性水平之间的关系，以及收益价差变化和流动性变化之间关系的研究，Chen Lesmond 和 Wei（2007）是通过线性回归来进行的，他们用大量的变量进行风险控制，这些风险主要包括信用风险、利率、风险、税收效应等，特别是对那些由于宏观经济环境和流动性指标不完备而导致的剩余流动性风险而言，大量的变量更加有效。除此之外，还要对回归分析中的潜在同时性偏误以及发行人固定效应和信用评级进行控制，这些偏误存在于流动性和收益价差之间。以上研究均有力地证明：公司债券价格收益中存在流动性溢价，且该溢价是由流动性水平效应所导致的。

目前流动性风险对资产定价的影响已经扩展到公司债券领域，并且出现了很多相关的成果。Chacko（2005）提出了一种新的测量流动性的方法，叫作“潜在流动性”（latent liquidity），这种方法不需要公司债券的交易数据，只需要测量债券的可得性。基于“潜在流动性”，Chacko（2005）设计了利率风险因素投资组合、信用风险因素投资组合和流动性风险因素投资组合，通过这三种组合研究流动性风险在资产定价中的作用，结果表明流动性风险因素是公司债券收益的一个重要的决定因素，并且对于其他资产例如国债的收益也有解释力，这说明流动性风险因素在解释资产的收益上是一个重要的、普遍的因素。Downing 等（2005）研究了类似的问题，但是采用的流动性的测量方法不同，他们使用和 Amihud（2002）类似的，用公司债券的价格影响作为流动性的代表量，结果发现流动性变化可以说明债券收益变化的一个相当大的部分，流动性风险在 APT 线性风险因素模型中被定价了（其他因素包括市场、期限和信用风险）。De Jong 和 Driessen（2005）按照 Pastor 和 Stambaugh（2003）与 Acharya 和 Pedersen（2005）的方法估计了债券收益的股票流动性和债券流动性，股票流动性用 Amihud（2002）的非流动性（ILIIQ）方法来计算，债券的流动性用美国长期国债的买卖报价差来计算。他们的研究发现公司债券的收益对国债流动性和股票流动性的变动都有显著反应，长期投资等级国债的流动性风险溢价大约为 0.6%，投资等级债券的风险溢价约为 1.5%，欧洲债券对流动性风险的反应与美国类似。

近年来，关于流动性风险对资产定价的影响，代表性的研究是

Acharya 等（2010）和 Lin 等（2011）。Acharya 等（2010）使用 1973—2007 年的数据，研究了公司债券收益对股票流动性和国债流动性变化的反应。他们估计了一个两阶段的转换模型（two - regime switching regression model），两个阶段分别为正常时期和经济危机时期。结果显示股票流动性和国债流动性的降低产生了相反的效应：投资等级债券的价格升高而投机等级债券的价格大幅下降。模型预测了 2008—2009 年危机年份的样本外债券收益，在控制了系统性风险因素之后，这种效应仍然是稳健的。结果证明了公司债券收益流动性风险变化和流动性转移的存在性。Lin 等（2011）主要研究横截面上公司债券流动性风险的定价问题，使用 Amihud（2002）以及 Pastor 和 Stambaugh（2003）的方法测量总体的流动性，使用线性因素模型和扩展的 Acharya 和 Pedersen（2005）模型来评价流动性风险在解释公司债券预期收益中的重要性，结果显示在控制了违约因素、期限因素、股票市场风险因素、债券特征、流动性水平和信用等级之后，公司债券的预期收益和流动性风险之间呈现显著的正相关关系。在不同的模型设定和流动性测量选择上这种正相关关系仍然是稳健的，流动性风险说明了公司债券风险溢价的一大部分，流动性风险是公司债券预期收益的一个重要的决定因素。

第二节　国内研究综述

国外已经对公司债券的流动性与资产定价的关系做了广泛的研究和讨论，取得了丰硕的成果。国内目前关于流动性与资产定价的研究主要集中在股票市场，最早研究流动性与资产定价关系的是王春峰、韩冬和蒋祥林（2002），他们使用 1994—2001 年上海证券交易所 200 只 A 股股票月度数据，利用非流动性指标（ILIIQ），在横截面和时间序列上分别检验了流动性与股票收益的关系，结果表明非流动性指标与股票收益呈正相关，但是在排除政策影响之后，也就是说在中国的股票市场，流动性与股票收益之间的关系受到政策的影响很大。此外，有很多学者使用了不同的流动性测量方法和数据范围来研究流动性与资产定价的关系，如吴文锋、芮萌和陈工孟（2003），苏冬蔚和麦元勋（2004），李一红、吴世农（2003），陆静、唐小我（2004），宋献中、王展翔（2004），张铮、刘力（2006），孔东民（2006），罗登跃、王春峰和房振明（2007），吴柏均、杨威（2008）等，都得出了我国股票市场存在流动性溢价的结论。

相比较股票市场，国内关于债券市场流动性问题的研究才刚刚起步，大部分是理论探讨和综述性质，没有对流动性与资产定价的关系进行深入的实证研究，并且目前主要是对国债市场和银行间债券市场流动性的讨论，对公司债券市场流动性的研究非常少，主要是从流动性的测量、流动性的影响因素和流动性溢价这三方面进行。

一　流动性的测量

Harris（1990）第一次提出流动性定义包括四个维度，分别是宽度、深度、即时性和弹性，这是迄今为止最为完善、最为准确的对流动性的定义，根据流动性的这四个维度，发展了很多测量流动性的方法，早期主要使用买卖价差来衡量，后来逐渐发展了交易对价格影响的方法，以及后来的基于债券特征的方法和潜在的流动性，目前对流动性的测量有多种指标，每一种指标都只能描述流动性的某些特征，但不全面。对于流动性的测量问题国内研究开始得比较晚，尤其是在债券市场，由于数据的可获得性等原因，目前对流动性的测量仅停留在直接方法测量阶段。

在国债市场和银行间债券市场，曹鸿波（1999）使用换手率测度了上海证券交易所国债市场和银行间国债市场的流动性。瞿强（2001）总结了国债市场流动性度量的方法，认为买卖价差、交易量是衡量流动性的有效指标。余辉、胡玥（2002）用换手率和债券的买卖价差衡量了银行间债券市场的流动性。黄妍和吴凯（2003）、油晓峰和宋永明（2004）同样使用了这两个指标。朱世武和许凯（2004）也使用买卖价差衡量流动性，但考虑了绝对买卖价差和相对买卖价差。李焰和曹晋文（2005）在测量国债市场流动性时，既考虑了宽度指标，又考虑了深度指标，分别用 Roll（1984）估计价差和 Amivest

流动比率作为流动性的变量。郭泓和杨之曙（2006）、郭泓和武康平（2006）提出了用一整套测度流动性的指标，包括：买卖价差、第一市场深度、交易量、交易频率、交易规模、价格影响系数等。董乐（2007）也使用价格影响系数作为流动性的代表量。谭地军、田益祥和黄文光（2008）利用债券的收益率估计模型，用估计出的价格冲击系数测量流动性的大小。方丹（2009）在分析债券市场流动性时，使用了买卖价差、成交量、交易频率、换手率等多种指标。张蕊等（2009）在仿射利率期限结构模型中加入了流动性因子来刻画流动性溢价的变化。王茵田、文志瑛（2010）使用 Amihud（2002）、Hasbrouck（2006）基于价格影响的方法测量了股票的流动性，用买卖价差测量了债券的流动性。

在企业债券市场和公司债券市场，对于流动性的研究比较少，大部分是基于定性标准衡量流动性，缺乏定量的证据。胡永青（2002）对我国企业债券市场流动性不足的原因进行了分析，并提出了相应的对策建议，但是对于流动性的大小没有进行测量。夏颉（2003）提出按照报价驱动机制和指令驱动机制来测量流动性，计算流动性指标。潘晓佳（2007）使用了换手率对企业债券的流动性进行了测量。之后的研究者开始尝试从多个角度考察流动性的特征，廖敏辉（2007）认为，流动性的测量应该从宽度、深度和影响力三个方面进行，宽度是指在一定时间内成交价格的加权波动幅度，深度是指一定时间内价格的波动率所能达到的交易金额，影响力是指价格波动率和换手率的比值。孙小丽（2008）认为，除了宽度、深度之外，还要考虑基于交易活动的流动性指标，交易规模、交易量、换手率和交易频率等。与孙小丽（2008）类似，闽晓平（2008）综述测量流动性的方法时，也从交易活动的角度出发，按照交易的即时性、交易规模、交易成本进行分类，还加入了价格冲击和隐含流动性的测量方法。尚玉皇（2010）从流动性的宽度、深度和弹性三个方面进行测量，其中深度指标又选取了三种，分别是非流动性指标、Kyle 深度指标和指令簿深度指标。

二 流动性的影响因素

流动性的影响因素通常作为流动性的间接代表量来研究，国内的研究大部分是定性研究，只是对债券市场流动性存在的问题进行了总结，考虑了我国债券市场流动性缺乏的原因，并提出对策建议。少数定量研究也是采用线性回归的方式，考虑不同因素和流动性之间的相关性。

在国债市场和银行间债券市场，早期有很多对流动性影响因素研究的成果。李新（2001）使用两阶段模型描述国债市场流动性，并认为市场信息、交易场所、投机者和国债种类都是影响流动性的因素。瞿强（2001）对国债市场流动性的研究进行了综述，认为流动性主要影响因素有微观市场结构、产品结构和投资者结构。朱世武和许凯（2004）使用银行间国债的双边报价的买卖价格之差度量流动性，通过线性回归模型对债券的特征进行了分析，认为影响债券流动性的因素主要包括交易规模、交易价格、风险、期限和发行规模。张瀛（2007）构建了包含多种流动性因素的线性回归方程，结果显示做市商制度对银行间债券市场流动性有显著影响。林华（2008）使用2005—2007年我国上交所国债市场的交易数据，比较了企业债券和国债的流动性差异，认为发行规模、企业规模、息票率和剩余到期期限是影响流动性的主要因素。与之前的研究不同，程文卫（2009）用宽度指标和深度指标来测量流动性的大小，重点考虑了宏观经济指标对流动性的影响，具体包括物价指数、货币供应量、股价指数和国债收益率等。

目前一些研究者也开始关注企业债和公司债的流动性问题，早期的主要是定性研究，例如夏颉（2003）从交易机制、市场机制和债券结构的角度分析了企业债券市场流动性的影响因素，但没有进行实证分析。廖敏辉（2007）使用 Grossman 和 Miller（1988）与李新（2001）的模型分析了企业债券市场的流动性，认为交易特征、市场特征和成交价格、收益率波动、债券的种类等因素都可以影响流动性的大小。闽晓平（2008）总结了国外对公司债券流动性研究的文献，从市场环境、债券发行人特征、债券的特征三种流动性影响因素对现有文献进行了综述。尚玉皇（2010）也参考李新（2001）的模型从市场微观角度和国家制度宏观角度分析了影响公司债券市场流动性的因素。马岩祥（2010）使用紧度指标、深度指标和弹性指标测量了公司债券市场的流动性，并得出结论市场交易机制、交易成本和交易者行为是影响公司债券流动性的重要因素。

国内对公司债券定价影响因素的研究并不多，而且一直称不上成功。谭地军等（2008）发现收益率利差主要与债券特征和信用风险有关，流动性风险方面则没有发现显著的风险补偿。赵静和方兆本（2011）却发现信用风险对收益率利差的影响较小，尤其是由杠杆比例所代表的信用风险对收益率利差的影响与理论预期相反，反而是宏观因素和流动性因素对收益率利差的影响较大。王安兴等（2012）同样发现杠杆比例对收益率利差的影响与理论预期相反，此外他们还发现，信用评级所代表的信用风险得到显著补偿，而剩余期限越长则收益率利差越低，意味着倒挂的期限结构难以得到解释。朱如飞（2013）考察了四种不同的流动性风险测度对收益率利差的影响，发现只有 Amihud（2002）非流动性指标的影响与理论预期一致，是比较好的流动性风险测度，但在他的研究中，与流动性有关的债券年龄（即交易日距上市日的时间）因素对收益率利差的影响与理论预期是不一致的。

国内对公司债券定价模型方面的研究更是凤毛麟角。陈盛业和宋逢明（2007）在 Merton 模型的基础上加入了卖空约束从而发展了结构模型理论；林建伟和任学敏（2009）则在简约模型的框架下考虑了两公司互相担保，从而违约强度相互依赖的情况。基于结构模型或简约模型的实证研究在国内也有一些，如周孝坤（2006）、李晓庆、方大春和郑垂勇（2006）、李晓庆和雷丰善（2010）对结构模型进行过实证比较，李杰群等（2010）则采用简约模型进行过实证分析。除此之外，国内涉及公司债券其他方面的研究也有一些，比如梁琪（2000）、韩立岩和郑承利（2002）、华雯君（2009）等对公司债券的信用风险问题分别进行过理论和实证探讨，梅和赵柯（2009）、戴国强和孙新宝（2012）用多元回归分析研究过宏观经济因素对公司债券市场的影响，闽晓平（2008）和朱如飞（2013）对公司债券市场的流动性衡量进行过评述。这些研究有赖于更恰当的定价模型来推进，也会反过来促进更恰当的定价模型的发展。

三　流动性溢价

流动性溢价是对流动性研究的重要问题，目前国内对于股票市场的流动性溢价问题的研究很多，对于债券市场的研究非常少。郭泓和武康平（2006）首次对我国国债市场的流动性溢价问题进行了研究，他们使用了一套测量流动性的指标体系，使用了线性回归和面板数据两种模型，比较了国债市场新券和旧券的流动性差异，证明国债市场的流动性溢价并不显著。董乐（2007）对银行间债券市场的流动性溢价问题进行了研究，采用聚类分析法，检验了不同持有期的债券收益和流动性指标的关系，结果显示短期内存在流动性溢价，并且流动性和债券收益负相关，半年以上期限，二者呈正相关关系。张蕊等（2009）在仿射利率期限结构模型中加入流动性因子，并使用卡尔曼滤波的方法对上交所国债市场流动性溢价进行了检验，结论证明我国上交所国债市场存在流动性溢价，但是规模较小，长期债券的流动性低于短期债券，即新券的流动性溢价水平更高。

谭地军、田益祥和黄文光（2008）在考察企业债券市场流动性时，构建了利率风险因子、信用风险因子和流动性风险因子，并使用债券的发行量、发行时间、债券期限、息票率等债券特征因素作为衡量流动性的间接代理变量进行模型构建，结论证明流动性风险因子在模型中没有被定价，即我国企业债券市场没有显著的流动性风险补偿。闵晓平（2009）从理论和实证方面对公司债券流动性溢价的研究进展进行了评述，不仅对关于流动性水平与流动性风险的溢价研究进行了总结，还对动态期限结构模型中的流动性溢价研究进行了梳理，最后讨论了公司债券流动性溢价研究中的市场摩擦问题。

徐汝峰、于鑫（2008）运用方差分析和回归分析分别对国债、金融债、企业债进行了研究，并对不同市场做了横向比较，发现无论是国债、金融债还是企业债都不存在显著的“周内效应”，并且三个市场买卖价差均值无显著差异；价格风险、发行规模对各市场绝对价差和相对价差均有显著的影响。张瀛（2007）重点研究了做市商制度对债券流动性的影响，竞争性的做市商制度显著地降低了报价价差，减少了市场交易成本，竞争性的做市商制度应该是未来市场制度建设的重要目标。吕素香、周宁东（2009）运用主成分分析方法提取了能够反映债券流动性的两个主成分。唐毅亭、韩冬、卢宇荣（2006）研究了宏观经济政策公布对银行间债券市场流动性的影响，研究发现利率政策、存款准备金政策和资金管理政策公布在一段时间内会对银行间债券市场产生显著影响，加息政策使流动性下降，降息政策使流动性提高，上调存款准备金政策使流动性急剧下降，而下调存款准备金政策使流动性急剧上升；央行资金管理政策对流动性影响也比较显著。赵洋（2009）对交易所国债流动性影响因素进行了研究，债券流动性一周内呈现规律性变化，即存在“周内效应”，周一流动性较低，其他交易日流动性没有明显变化；股市运行情况以及股市风险对国债流动性有显著影响，债券自身风险对流动性没有显著影响。金雪军、徐利君、徐冯璐（2006）研究了国债市场的交易成本和流动性之间的联系，他们认为交易成本由三部分构成，券商佣金、经手费和买卖价差；并分别对这三部分进行了实证分析，提出了降低交易成本提高市场流动性的措施。杨朝军、张志鹏、廖士光（2008）从流动性的定义出发，用一定时期内的成交规模与该时期内的价格变化比值的绝对值来衡量流动性，该指标能综合反映市场的深度、宽度、弹性、及时性；并运用上证 180 指数样本股票验证了该指标的有效性。郑淳、董纪昌、徐艳梅（2006）运用买卖价差、市场深度、交易金额以及交易次数等指标对银行间市场国债流动性做了测定，并对各个指标进行了相关性检验和主成分分析，同时还对不同期限的国债流动性进行了 Wilcoxon 非参数检验，发现中期国债流动性水平显著高于长期国债。黄玮强、庄新田（2006）运用 VAR 模型、Granger 因果关系检验、脉冲响应函数及协整检验对证券交易所国债指数和银行间国债指数进行了检验和分析，研究发现证券交易所国债指数对银行间国债指数有较强的引导作用，二者之间存在短期相关关系，而不存在协整关系。周爱民、吴蕾（2009）对银行间债券市场做市商交易机制效率进行了研究，研究发现做市商双边报价机制具有迅速的纠错功能和信息传导功能，竞争性的做市商制度更有效率。郭泓、杨之曙（2007）运用VAR模型和信息份额模型研究了银行间债券市场和交易所债券市场在价格发现中的作用，交易所债券市场在价格发现上起领先主导作用。吴逸（2009）研究了固定收益平台推出对国债市场相对流动性的影响，固定收益平台的推出可以解释交易所市场相对于银行间市场在短期和长期债券上流动性升高的现象，紧缩性的货币政策对长期利差产生影响。

第三节　评述及未来研究趋势

从国外现有的研究成果来看，已经对公司债券流动性问题展开了广泛的研究，并且取得了很多具有创新性的成果，在理论研究和实证研究上都得出流动性是资产定价的重要因素。从流动性的测量方法来看，早期使用的方法主要借鉴股票市场，采用传统的流动性测量法或者用债券的特征作为流动性的变量进行分析，最近的研究探索了新的流动性测量指标，主要是基于公司债券市场交易特征和交易机制进行指标构建，并且综合考虑了流动性的影响因素。从采用的实证方法来看，早期的研究大部分只是对流动性的代表量和影响流动性的因素进行简单的线性回归，目前实证研究都是结合信用风险的定价模型进行分析。

国内对于债券市场流动性的研究比较少，大部分只停留在对流动性的概念和影响因素进行定性描述，或者对现有的研究进行综述，缺乏对公司债券流动性问题的实证研究，对于流动性对资产定价的影响更是空白。在流动性测量方法的选择上，目前对于债券市场的研究大部分选择买卖价差和换手率作为流动性的代表量，只能说明流动性某些特性，度量不够全面。对于债券流动性溢价的研究才刚刚起步，尤其是关于流动性风险对资产定价的影响更是一个新的领域。

由于流动性具有深刻的内涵并且难以准确测量，对于公司债券市场具有复杂的影响，因此流动性与资产定价还有很多问题需要进一步的研究。

第一，流动性的测量问题。目前从流动性的4个维度形成了很多测量方法，总的来讲这些方法都只能代表流动性某一方面的特征，对于流动性的刻画都不够全面，并且由于数据的可获得性，有些方法在理论上成立，在实际中却无法操作。由于流动性的复杂性，不能只采用一两个指标来测量流动性。未来的发展趋势应该选取多种指标共同构建衡量流动性的指标体系，在测量方法上保持一致性。另外还要创建新的流动性统计指标，例如 Chacko 等（2005）创建了“潜在流动性”测量方法，以机构在某一时刻持有债券的加权平均换手率来衡量。这个指标不需要交易数据，只是测量债券的可得性。

第二，流动性转移问题（flight to liquidity）。流动性转移是指投资者把投资从流动性差的市场转移到流动性好的市场，不仅在市场之间会发生流动性转移行为，市场内部同样存在。Chordia 等（2000）、Connolly 等（2007）、Underwood（2009）等研究者已经证明了流动性转移的存在性，但主要证明了市场之间的流动性转移行为，对市场内部的流动性转移行为研究较少。另外流动性转移是否对资产定价有一定的影响，影响的幅度有多大，也是未来研究的一个新领域。

第三，我国公司债券市场流动性问题。目前我国对于流动性的研究主要是股票市场和银行间债券市场。随着我国公司债券市场的发展，交易所市场和银行间市场的逐渐打通，公司债券市场的流动性问题必然是未来研究的热点问题。我国公司债券市场是否存在流动性溢价、流动性水平和流动性风险对资产定价有多大的影响，以及市场之间和市场内部是否存在流动性转移都是未来的研究趋势。

第三章　公司债券流动性的理论解释

随着证券市场的发展，流动性问题逐渐被关注并得到了广泛的研究，一个富有流动性的市场，不仅可以顺利完成交易，而且可以为市场的正常运转提供保证，促进资源的有效配置；在一个缺乏流动性的市场中，金融产品无法及时转让流通，投资者可能要蒙受巨大的损失，而筹资者不能达到融资需求，交易难以完成。经典的资产定价理论认为证券交易是没有成本的，忽略了流动性和流动性风险的存在，然而现实生活中几乎所有的证券交易都是有成本的，因此流动性是不能忽视的问题，流动性对于资产定价的影响也不能忽视。公司债券市场发展要落后于股票市场，市场流动性比较差，并且公司债券主要在柜台市场进行交易，这就决定了公司债券流动性的衡量无法依赖传统的衡量指标，必须建立基于柜台交易的市场微观结构和交易机制特征。

本章对公司债券流动性的有关理论进行解释，第一部分对公司债券流动性的概念进行界定，第二部分重点解释影响公司债券流动性的因素，第三部分对公司债券流动性的测量方法进行梳理，第四部分概述公司债券流动性风险。

第一节　公司债券流动性的界定

一　公司债券的内涵

债券的本质是债务关系的说明书。债务关系是依照法律规定，双方按照合同约定借入资金的关系，债务人和债权人依法享受一定的权利和义务。债券是对这种债权债务关系的证明，是约定发行者在规定的日期还本付息的有价证券。它的定义包含了四个方面：①债券的债务人是发行者，他作为经济主体是资金的借入者；②债券的债权人是债券的购买者，即投资人，他借出资金；③二者之间存在承诺，在一定的时间内还本付息；④债券是一个法律凭证，是解决纠纷的法律依据，它是债权债务关系的一种反映。

公司债券是债券种类的一种，它的发行主体是公司，发行目的是为了筹措长期资金，它所代表的债权债务关系是发行债券的公司和投资者之间的。持有债券的投资者并不是公司的所有者，他只是作为债权人存在，不能参与公司的日常经营管理，也不能干涉公司的重大事务，但是有按期收回本息的权利。

在我国有一种法律规定的特殊债券就是企业债券，从概念上来说，企业债券的范围比公司债券更为宽泛，我国的公司债券是从企业债券发展起来的，因此有必要对企业债券和公司债券的概念加以区别。

从发行主体上来说，企业债券是中央政府部门所属机构、国有独资或国有控股企业等发行的债券，按照我国《公司法》和《证券法》的规定，公司债券的发行主体是股份有限公司或有限责任公司；从资金用途上来说，发行企业债券筹措的资金主要用于经过政府部门审批的项目，通常是固定资产或技术改革项目，公司债券融资主要用于公司自身发展的有关用途，可以由公司自己决定，不需要经过政府部门的审批；从信用级别上来说，企业债券的背后是国家信用，是国家作为隐性担保，因此从信用级别上来说，企业债券和其他政府债券类似，公司债券的信用级别受到公司的经营状况、偿债能力等多方面因素的影响，因此各个公司的信用状况也不尽相同；从对市场的作用来看，企业债券的发行受到政府等行政部门的严格控制，因此它对于金融市场的作用微乎其微，公司债券主要是由市场操作和运行的，因此它成为推进金融市场发展的一支重要力量；从所遵循的法律来看，企业债券是按照国务院《企业债券管理条例》的有关规定进行发行和交易，公司债券是按照《公司法》和

《证券法》的规定进行买卖。

从以上二者的区别可以看出，企业债券的范围比公司债券更为宽泛，公司债券是企业债券的一种，企业债券又和公司债券有着密切的联系，和公司债券遵循着相同的基本规律。按照我国《公司法》第一百五十四条规定，"公司债券是公司按照法定程序发行、约定在一定期限还本付息的有价证券"。[①] 因此本书的研究对象是股份有限公司发行的我国上海证券交易所和深圳证券交易所上市的公司债券。

二 流动性的内涵

流动性变化无常，难以捉摸，想要对流动性进行准确的定义并非一件易事。流动性的定义最早是由 Keynes（1930）提出的，他认为流动性是"市场价格将来的波动性"[②]，这个概念早期主要应用于宏观经济和公司财务领域。本书所指的流动性是应用在微观金融市场范畴的，Tobin（1958）第一次阐述了金融资产的流动性，他认为当金融资产变现时面临的损失就是流动性的大小；Hicks（1962）认为流动性是交易能够立即被执行的可能性；Demsetz（1968）认为流动性代表了四个方面的特征，分别是交易成本较低、价格水平合理、交易时间较短和价格波动较小，如果商品能够按照这四个特征完成所有权转移，那么就是流动性的合理表现；Black（1971）从买卖价差的角度定义流动性，认为小的买卖价差代表了流动性比较好，当执行交易时对价格的影响比较小；Bagehot（1971）给出的流动性概念为"逆向选择的存在能力"[③]；Kyle（1985）指出流动性包括三个方面：紧度、深度和弹性，并认为买卖价差是测量流动性的重要指标，买卖价差越小，市场流动性越强；Grossman 和 Miller（1988）认为市场的流动性是一种执行交易的能力，取决于"及时

① 参见《公司法》第一百五十四条。

② Keynes, J., *Treatise on Money*, MacMillan, 1930.

③ Bagehot, W., "The Only Game in Town", *Financial Analysts Journal*, Vol. 27, 1971, pp. 12 - 14.

性的供给与需求"[①]；Amihud 和 Mendelson（1989）认为流动性是交易完成所需要的成本，或者是为了找到一个适当的价格所需要的时间；Harris（1990）第一次提出流动性包括四个维度，分别是宽度、深度、即时性和弹性，并定义了宽度的三种测量方法：报价价差、实际价差和有效价差；Massimb 和 Phelps（1994）也认为流动性是执行交易的能力，并进一步分析认为小额交易不会导致市场价格较大波动的能力就是流动性。

尽管人们从不同的角度对流动性进行了定义，但是任何一种都只是反映了流动性的某一个特征，并不全面。综上所述，主要从以下几个角度来定义流动性：①交易能力，流动性最基本的含义是能够使交易被执行的能力，设想如果没有流动性，那么交易就失去了它存在的前提；②交易成本，执行交易是需要成本的，这种成本的大小就是流动性，流动性好的市场就是完成大额交易却只需要小的价格变动作为成本；③交易时间，时间也是一种交易成本，交易时间的长短决定了流动性的大小。

目前比较通用的流动性的概念是：当交易者有交易需求时，他能够付出较低的交易成本、较短的交易时间而完成大额证券交易，并且不会给价格带来大幅波动。

三 公司债券市场的流动性

Harris（1990）认为，一个富有流动性的市场是能够迅速完成证券的买入和卖出的，并且交易成本最小的市场。具体到金融市场，流动性就是金融产品和货币相互转化的能力，即在有限的时间内，交易者通过在金融市场的交易，将持有的金融产品变现的能力，反之亦然。本书主要研究公司债券市场的流动性，是指在我国公司债券市场上，公司债券能够和货币相互转化的能力，即投资者能够迅速地完成交易并付出较低的交易成本，并且不会导致债券价格发生大幅波动。符合这个定义的公司债券市场就是一个具有流动

---

① Grossman, S., Miller, J., "Liquidity and Market Structure", *The Journal of Finance*, Vol. 43, 1988, pp. 43, 617-637.

性的市场。

第二节　公司债券流动性的决定因素

流动性是刻画证券市场质量的决定性因素，因此需要对流动性的变化过程和机理进行研究，也就是对影响流动性的因素进行研究。流动性的影响因素是多方面的，不能把这些因素完全割裂开来。目前的划分方法是按照国际清算银行报告（BIS，1999）中的分类，分为市场微观结构因素、市场交易产品因素和市场参与者因素。在本章中，按照这种分类方法对公司债券流动性的决定因素进行分析。

一　市场微观结构

市场微观结构主要是指证券价格的发现过程和形成机制，从狭义上来讲市场微观结构的主要内容是价格发现机制，广义上不仅包括价格发现机制，还包括清算机制、信息传播机制等各种交易制度的总和。由于市场微观结构可以影响市场效率，而市场效率的核心体现就是流动性，因此市场微观结构是影响流动性的重要因素。具体到公司债券市场，我们从交易制度、交易成本、市场透明度、信息披露四个方面来进行分析。

（一）交易制度

1. 交易场所

我国的债券交易市场有场外交易市场和场内交易市场两种。场外市场是柜台市场，在我国主要是银行间债券市场和证券机构柜台交易市场，柜台市场是做市商垄断信息市场，做市商可以利用自身的存货和现金及时地进行交易，并以此维持市场的稳定性，当市场价格出现大幅波动时，他们也可以努力保持市场的流动性，并鼓励其他投资者进行投资。场内市场是交易所市场，在我国是上海证券交易所和深圳证券交易所，交易所市场的交易过程是完全依靠市场本身的运作来成交的，按照市场规定的交易原则集中进行交易，交易信息的透明度比较高，可以在市场中自由传播，价格的发现功能也比较强，有利于提高投资者的积极性，增强市场的活跃度。

我国的两个主要交易市场，银行间债券市场和交易所债券市场是相互分割的。两个市场的交易方式、参与者类型、结算制度等都存在较大的差异，唯一可以把两个市场连接起来的就是一些跨市场交易的机构，比如基金管理公司、保险公司以及部分证券公司。银行间市场和交易所市场的这种分割状况会增加交易成本，降低市场效率，增加筹资成本。此外，两个市场没有形成有效连通的局面，导致两个市场上形成的利率出现背离的现象，无法形成合理的收益率曲线结构，进而影响债券的流动性。

2. 交易机制

交易机制是潜在的交易需求转化为现实的过程，这个过程的关键是市场出清价格的形成。交易机制的类型有很多种，不同种类的交易机制的差异性也比较大。根据债券市场的特征，我们主要讨论报价驱动机制和指令驱动机制两种。报价驱动机制的运行过程是，交易市场上有报价商专门负责债券的报价，报价是针对买卖双方的双向报价，其他投资者可以选择是否在报价水平上交易；指令驱动机制是市场上不存在报价商，投资者独立自主地做出价格决策，通过交易指令将交易的价格和数量发送给代理人，然后按照时间优先、价格优先的原则自动撮合成交。报价驱动机制主要是场外交易市场所采用的，例如做市商制度，指令驱动机制是交易所市场采用的，例如集合竞价机制。

在做市商市场，债券的交易价格是由做市商报价所给出的，交易者双方并不直接成交，而是要通过做市商买卖债券，因此做市商有维持市场稳定性和流动性的责任；做市商以其自有资金或存货进行债券交易，它肩负着对价格确定性和持续性的报价义务，因此投资者所面临的流动性风险为零；在做市商市场由于采用双向报价制度，使得短时间内可以完成大额买卖交易，节省了交易时间，提高了交易的即时性，并且由于其不会对市场价格产生大幅影响，因此还会提高市场深度，节约交易成本。

在竞价市场，市场交易机制根据投资者的指令进行配对交易，委托指令越多，越能推动价格的形成和提高流动性；由于竞价交易没有做市商垫付资金，委托指令不能即时成交，而只能在限价条件下反向指令的数量达到充足量时才能成交；竞价市场的投资者提交订单时，既可以按照限价提交，也可以按照市价提交，前者是市场流动性的供给者，后者是流动性的需求者，当限价委托越多时，市场的流动性往往也越大，买卖价差越小。

通常我们认为，报价驱动机制可以在给定的价格下，较快地执行交易；指令驱动机制可以使价格的发现功能更强，更加有效地反映获得的信息。我国场外市场实行的是做市商制度，场内市场实行的是竞价制度。从世界发达的资本市场来看，公司债券获得长足发展是因为它有一个成熟的柜台交易市场（OTC），而柜台市场所采取的交易机制就是做市商制度。

美国公司债券的交易市场主要有以集中交易形式运作的证券交易所和以分散交易形式存在的场外交易市场。绝大部分交易均在场外进行，由全国的经纪人和交易商通过电话委托系统或电子交易系统进行交易，多数采用做市商制度。可见做市商这种交易制度起到了穿针引线的作用，能很好地将债券买卖双方紧密联系起来，创造一个良好的交易市场，增强市场的流动性。我国公司债券目前有三个交易场所，分别是交易所市场、银行间市场、固定收益平台。交易所市场是具有股票账户的投资者进行记账式国债和公司债券交易的场所，它采用集中撮合的交易方式，属于场内交易市场，包括上海证券交易所市场和深圳证券交易所市场两个相互独立的市场。银行间市场是商业银行等机构投资者进行债券交易的主要场所，采取一对一询价、自主谈判、逐笔成交的交易方式，并建立了做市商的交易制度。2007 年为提高债券市场的流动性，建立了固定收益平台，采用做市商制度。虽然银行间市场和固定收益平台都采用了做市商制度，但是这两个市场的交易并不活跃，交易仍主要集中于集中竞价撮合的交易所市场。可见，在我国做市商制度并没有得到充分的利用，公司债券二级市场发展较慢。

(二) 交易成本

交易成本是投资者在买卖过程中所付出的时间和货币资金，在证券的交易过程中又可以分为显性成本和隐性成本，显性成本是指投资者进行委托交易时向提供服务的中介机构支付的费用，或者依法上交的交易税、印花税等。隐性成本包含的内容比较多，既包括投资前的准备费用，也包括交易过程中的隐含费用，如交易价格与市场均衡价格之差，即与均衡价格偏离的幅度，以及当存在价格劣势时不得不进行交易的现金水平，而存在价格优势时却无法交易所付出的机会成本。

在做市商市场，交易成本是通过以下的方式影响市场流动性水平的。当市场环境对于做市商存在劣势时，做市商为了保持自身的收益会扩大买卖报价差，使交易成本低于买卖报价之差，因此报价水平上的交易量下降，交易成本上升，市场流动性降低；当市场环境对于做市商存在优势时，就存在减少交易成本，流动性水平升高的现象。这表明：交易成本对市场流动性有影响，并且这种影响是反向的。

(三) 市场透明度

现代市场经济中，市场参与者需要获得一系列信息进行投资决策，这些信息既包括宏观经济、财政、金融的各项政策指标，也包括市场监管、商品价格等微观信息，市场透明度就是指投资者能够合理获得这些信息的能力。O’Hara（1995）认为，市场微观结构理论中，市场透明度是“在交易过程中市场参与者获取信息的能力”。[①] 从范围上划分，这里的信息包括两个方面：公共信息和私人信息，公共信息是指在市场中公开可以获取的信息，私人信息是指只有一小部分人可以得到的信息，例如报价驱动市场中只有做市商可以获得的投资者交易指令信息以及投资者行为信息等。

透明度可以影响市场效率，当市场透明度降低时，知情者交易

---

① ［美］莫琳·奥哈拉：《市场的微观结构理论》，杨之曙译，中国人民大学出版社2007年版，第169—190页。

商（informed trader）由于能够及时了解信息、发挥掌握的私人信息的作用，因此能够使境况变化；不知情的交易商（uninformed trader）的境况会变坏，为了获得更多的交易信息，改变自己的境况，宁可推迟交易，以便从其他市场的交易活动中获取信息。Scalia 和 Vacca（1999）对意大利政府债券市场的检验结果显示，透明度提高可以带来市场效率的提高，但这种关系是非线性的，在某一点之前透明度提高可以增加市场效率，当完全透明化时就会导致出现逆向选择，降低市场效率。

透明度可以影响市场流动性，市场信息越透明，拥有私人信息的投资者的优势越少，获利的空间也越小，因此可以增加市场的流动性；相反如果市场信息透明度较低，信息不对称比较严重，知情者交易商的投资风险越大，必然为了弥补风险扩大买卖价差，增加了交易成本，降低了市场流动性。Goldstein 等（2007）的研究发现增加透明度可以提高市场流动性，Edwards 等（2007）也认为透明度的增加可以降低交易成本，透明度增加可以加强市场竞争度，几个大型交易商垄断市场的局面将会被打破，增加债券的流动性效应，Bessembinder 等（2006）从机构投资者的角度出发，发现透明度也会显著降低交易成本。

信息的充分性、准确性、及时性和对称性有利于提高市场效率。按照有效市场理论，客观上要求企业将任何可能影响证券价格的信息在第一时间向全体市场投资者公开披露，并杜绝内幕交易和不当牟利。信息是证券投资者作出购买或出售证券决定的基本依据。信息披露的遗漏、不实和偏差都将给投资者造成重大影响。

（四）信息披露

信息披露，就是用公开的方式，通过一定的传播媒介，用一定的格式，将公司财务状况和经验成果以及其他各种有关资料公布于众。信息披露是证券市场的基石，是确保建立公平、公正、公开证券市场的根本前提。美国于 1933 年颁布的《证券法》早已体现出了监管机构对于信息披露的重视程度。信息披露的真实性早已超过了公司本身的优劣程度。而在我国，监管部门一般只允许资质较好的企业在金融市场融资，使信息披露的重要性大大降低，并且历来都由政府代替投资者选择融资公司，所有这些都造成监管者和投资者对于信息披露不重视，对于已披露信息的解读能力较差，降低了信息披露本应对于金融市场和投资环境产生的影响力。

价格决定是一切交易进行的核心环节，证券市场各参与者都能够利用公开披露的信息进行决策，从而使证券价格反映信息的基本特征。由于发行人和投资者间存在天然的信息不对称，通过信息披露可以缓解这种信息不对称状况，为交易双方创造一个基于真实、客观和完整信息的交易和谈判环境，为交易价格的决定做好铺垫。由于投资者没有足够的时间和多种途径收集一切相关的信息，于是希望市场价格能够反映一切可以获得的信息。虽然信息披露体系不能够完全消除信息不对称问题，但至少可以减少信息不对称带来的逆向选择和道德风险，一定程度上降低投资者收集信息的成本，从而降低交易成本，对持有债券更有信心。

在债券市场，信息披露机制是通过影响投资者的决策进而影响市场的流动性。在信息有效的市场，当前的交易价格就是最合理公平的，能够揭示已有的全部信息，对于即时流动性的需求者来说是非常重要的。然而，在信息无效的市场，当前价格中也许存在不合理的成分，有利于拥有信息的一方，进而降低投资者的交易意愿，减弱市场的吸引力，降低流动性。因此，信息披露的效率与流动性是紧密相连的。

市场透明度以及信息披露机制是一个问题的两个方面。市场透明度是指交易信息被市场参与者认知和观察的程度，通常用市场上买卖订单流以及成交报告的信息披露来衡量。有关透明度和流动性之间的关系，学术界并没有达成统一的结论，但是大多数研究结果表明流动性与透明度间呈正向的相关关系。Pagono 与 Roell（1996）从订单流规模与方向角度提出了一个透明度模型，认为透明度指的是当前订单流的规模和方向对竞争性的做市商的可见程度，据此区分了透明度不同的四种交易机制：完全透明的竞价市场、集合竞价市场、连续竞价市场和做市商市场。模型结果表明当市场存在信息不对称时，提高透明度可以提高市场的流动性。因为透明度越高，价格的制定者就能获得更多有关订单流的信息，从而更好地保护自己减少和知情交易者交易造成的损失，从而缩小买卖价差，提高流动性。

由于我国公司债券的发行人多为大型国有企业，在债券发行上市后，投资者并不关注企业筹集资金后的运用和经营状况，减弱了企业信息披露的积极性，增强了信息的不对称程度，进而影响投资者购买债券的积极性。胡永宙（2002）认为，信息披露不充分导致部分发行人到期不能偿债，缺乏信用观念，缺少对募集资金使用的约束，导致部分企业到期不能及时偿还债务。从发达国家的公司债券市场经验看，信息披露越充分，市场信息透明度越高，市场参与者的积极性就越高，公司债券市场的流动性越好。目前我国公司债券市场信息披露量较少，披露内容仅包括半年度、年度财务状况以及付息公告，投资者并不太了解企业的经营状况。我国公司债券的信息披露还没有形成一个统一的、规范的、完善的体系，使得发行人在进行信息披露时缺乏可靠的依据，难以确保所披露信息的准确、完整和及时。对债务融资而言，投资者非常看重企业的偿债能力，对于期限较长的金融产品，投资者较关注于发行企业的长期偿债能力，对于期限较短的金融产品，投资者更关注于其发行人对于短期债务的覆盖能力，因而对于发行人的持续信息披露有更高的要求。交易所在我国公司债券发行时已有明确的信息披露规定，要求持续披露信息，但没有制定详细统一的披露规范。如果不在交易所上市，对于重要的债券还没有明确地要求持续信息披露。在缺乏这种强制性信息披露制度的情况下，有关公司债券发行人的信息没有得到充分披露，投资者难以在信息公开的前提下评估债券的价值和风险，并据此做出合理的投资决策。

二 市场交易产品

（一）交易产品的替代性

债券市场存在不同种类的债券品种，这些品种由于其自身的特点不同而存在替代性，如果这种替代性很强，就说明每一种债券可以占据市场份额差距不大，市场分割程度不强，从而可以根据投资者对债券种类的需求增加供给，并因此活跃市场交易的积极性，提高市场流动性。

（二）期限

这里所指的期限是债券的剩余到期期限，即从购买债券开始到债券到期日之间的时间长度。根据到期期限的不同，债券可分为长期债券（10年以上）、中期债券（1—10年）和短期债券（1年以下），我国公司债券最短期限为1年，最长期限为15年。

债券的剩余到期期限可以从两个方面影响流动性：第一，到期期限影响债券面临的利率风险，长期债券由于收回本金需要更长的时间，因此一旦有突发事件发生，投资者有现金需求时就必须提前出售债券，这会给投资者带来损失，另外由于长期债券的期限比较长，所以受到利率等市场波动因素的影响比较大，面临的风险也比较大，因此变现能力不强，流动性也比较差；第二，到期期限影响债券定价的复杂性，定价的复杂性是指对于债券的未来收益预测的准确度比较低，市场投资者对未来价格的估计差距比较大，面临着更大的不确定性。Amihud 和 Mendelson（1991）结论显示中期债券的到期收益比短期债券要高，二者之间的收益之差是到期时间的减函数。

（三）新券（on－the－run）与旧券（off－the－run）

刚刚发行的债券是“新券”，已经发行了一段时间的债券是“旧券”，新券的流动性要好于旧券，这是因为新券刚刚发行受到投资者和分析师的关注比较多，发行过一段时间以后，投资者对其关注度降低，流动性也下降。Schultz（2001）认为，由于新券刚刚发行，通常会出现价格低估现象，因此会造成发行时抢购，随后抛售的局面，因此新券的流动性通常比旧券更高。Hotchkiss 和 Jostova（2007）证明债券的年龄越长，交易频率就越低，二者之间存在显著的负相关关系。

（四）票面利率

债券的票面利率是每年应付的利息和面值的比率，票面利率的高低对投资人的融资成本和收益有重要影响，不同的投资者的投资目的不同，对现金流的要求不同，因此对债券票面利率的需求也不同，这导致流动性的差异。通常来说低票面利率债券的流动性更好一些，这是因为票面利率较低的债券能够提供的现金流也比较低，投资者在不能满足需求的情况下，就要借助于债券交易，从而使流动性提高。这对于投资者、发行者和交易所都有指导意义，投资者对高票面利率债券和低票面利率债券的需求差异给套利提供了机会；发行者可以根据投资者的需求，重点发行流动性较好的债券；交易所对于提高债券的流动性有不可推卸的责任。

（五）发行规模

债券的发行规模也会对市场的流动性水平产生影响，通常情况下，发行规模越大，能够覆盖的投资者越多，相对于整个发行规模，单个投资者的交易量比较小，不能对市场产生较大的影响，因此买卖价差比较小，流动性比较高。相反发行规模较小的债券，投资者的数量有限，投资者的个体行为会对整个市场产生影响，对价格的操纵能力也更强，因此流动性比较小。另外从信息的角度来看，发行规模小的债券对信息的传播能力比较弱，增加了信息成本。Amihud（1988）证明在美国市场上存在发行规模和流动性之间的正效应。Sarig 和 Warga（1989）从投资者的角度分析，认为机构投资者可能会持有小规模债券的大部分，这样导致市场上流通的债券减少，流动性下降；从交易商的角度分析，债券的发行规模比较大，便于交易商对存货进行管理，这会降低买卖价差，增加流动性。

（六）付息方式

我国公司债券的付息方式有两种，零息债券和附息债券，零息债券是到期一次性还本付息，附息债券是每年支付利息。两种债券在时间上有明显的分隔界限，1998 年之前发行的基本上都是零息债券，而之后发行的基本都是附息债券。附息债券由于每年支付利息，因此每年有固定的现金流产生，投资者满足了对现金流的需求从而忽略了对债券的交易，导致流动性较差。

（七）信用等级

公司债券的投资者并非都是专业的机构投资者，一些公司债券的投资者没有经营管理权，缺乏足够的动力与能力了解发债人所披露的信息。导致公司债券市场上普遍存在信息不对称状况，使得投资者无法准确判断收益率中用来补偿流动性风险的部分。此时就需要专业的中介机构对发债人进行信息加工与审核，给出比较准确的发债人信用评分与等级。目前，我国公司债券市场的中介机构主要有债券承销商和信用评级机构。债券承销商主要关注的是有限的股票发行人状况，缺乏对公司债券发行人的关注，导致对公司债券风险和价值的分析人员配备和储备不足。信用评级机构又面临利益竞争，道德风险以及违规行为经常发生，通常无法形成公正的信用评级。20 世纪 70 年代，美国证券与交易委员会已授予标准普尔、穆迪、惠誉为全国认可的评级机构，目前已增至 10 家，并指定它们为监管机构评级的认定机构。

同时，美国评级机构从对投资者收费转向对发行人收费，这一转变使得评级机构业务量不断增加，但是收费模式的转变使得评级机构更难作出公正的评级，面临严重的利益冲突问题。通过事先了解，发行人知道评级机构进行评级所依据的原则，最终选择对其最有利的评级机构来进行评级，凸显了利益冲突问题。多数研究表明，市场上评级机构越多，竞争越激烈，利益冲突问题越明显，此时竞争是无效率的。收费对象的转变，使得评级机构评级失误后所面临的损失变小，评级过程中不再受到诸如保证评级质量等要求的限制，大大降低了评级成本。于是中介机构会延迟向投资者披露评级信息，出具的评级报告也缺乏客观性。总之，评级机构在信息中介机构的核心地位被撼动了。

信用评级机构在这场由美国房地产市场上的次级贷款问题引发的全球次贷危机中有着不可推卸的责任，正是由于信用评级机构出具的一些比较主观的分析报告进一步推动了次贷的发展，导致银行业积聚了大量的信用风险最终引发次贷危机。次贷危机的发生暴露出信用评级机构运作模式还存在不足。

1997 年，中国人民银行发布公告，确定中诚信等 9 家机构可以从事债券评级活动。杨大楷（2005）指出，有些评级机构使用不正当竞争手段争取业务，大大降低了评级服务的质量。同时，缺乏准入和淘汰机制造成评级市场行政垄断。我国企业发行的公司债券都经过相关政府部门的严格审查，评级机构的评级业务几乎是没有风险的。由于业务的限制，竞争环境的激烈，各评级机构为了自身业务的发展，不得已给出较低的评级价格和较高的信用评级结果，导致评级市场竞争的恶性循环。

三 市场参与者

不同的市场参与者在市场中扮演的角色不同，进入市场的渠道和目的也不同，因此对流动性的影响也不同。我国公司债券的市场参与者主要有：国有企业、民营企业和中小企业等债券的发行者，投资银行等中介机构，通过市场投资获取收益的个人和机构。

（一）市场参与者的类型

不同的市场参与者，由于自身的需求不同，参与市场的目的和动机也不同，因此如果市场上参与者的类型越多，越会提高市场的流动性水平。这是由于市场参与者之间的差异性使他们在债券资产价格方面的反应也就越大，更有利于促进交易的多样化，从而提高市场的流动性。不同的参与者对投资的偏好不同，制定的资产组合策略也有差异，因此可以为做市商分担更多的风险，降低了单边市场出现的可能性，这样会提高做市商的积极性，做市行为更加活跃，提高市场流动性。

（二）市场参与者的行为

市场参与者对风险的偏好、对债券期限的偏好以及对未来的预期都会影响市场的流动性水平。如果市场参与者是风险偏好者，那么市场波动频繁，交易活跃，有着浓厚的投机气氛，流动性也比较高。如果市场参与者普遍倾向于长期投资，即长期持有债券，那么这部分债券就等于不参与市场交易，退出了流通，降低了市场流动性水平。如果市场参与者对债券市场的未来预期较好，市场流动性水平会保持在一个较高水平，他们更愿意持有债券，并积极参与市场买卖活动，流动性也会进一步提高。

我国公司债券市场是场内交易市场，投资者主要是个人散户和证券公司，他们有很强的投机性，投资交易的频率较高，因此市场流动性也比较高。相对于公司债券市场，银行间债券市场的投资主体主要是风险保守的商业银行，因此流动性也比较低。

第三节　公司债券流动性的度量

一　流动性的四个维度

尽管流动性是捉摸不定的，难以把握，但总的来说，它的定义包含了四个特征：宽度、深度、即时性和弹性，即流动性的四维。

（一）宽度（Width）

资产流动需要付出一定的交易成本，这种交易成本的一个直接表现是交易价格偏离市场均衡价格的幅度，这个幅度就是流动性的宽度，通常用买卖价差来表示。从流动性需求者的角度来分析，它表示为了完成交易而支付的交易成本；从流动性供给者的角度来分析，它又代表为弥补风险而要求的补偿。交易成本的类型包括显性成本和隐性成本两类，显性成本是指投资者进行委托交易时向提供服务的中介机构支付的费用，或者依法上交的交易税、印花税等，显性成本是可以度量的，能够根据有关的公式进行准确的计算；隐性成本是在交易过程中所产生的成本，例如买卖价差、交易对市场的影响程度等，这些指标都无法精确地度量，因此经常用来衡量流动性，其中买卖价差是最简便、最直接、最常用的指标。买卖价差越小，说明市场的竞争程度越强，流动性也就越高。

在报价驱动机制和订单驱动机制下，买卖价差是有区别的，前者通常用做市商的买入报价和卖出报价之差来表示，后者用当前时刻限价的买入价格和卖出价格之差计算。买卖价差越小说明市场流动性越好，在完美的无摩擦市场，这个值为零，流动性最好。

（二）深度（Depth）

深度是指在价格不变的情况下，市场所能承受的成交量的最大额度。它是从交易本身来衡量流动性，将价格和交易量结合起来，当价格变化一个单位，如果交易量的变动较小，说明市场深度较小，流动性比较差。

在报价驱动机制和订单驱动机制下，深度的衡量是不同的；在前者，由于我们无法观测在某一报价档位上做市商的交易需求量，所以要采用模型估计的方法；订单驱动市场的深度是可以直接观测的，通常用某一时刻某一价格下的订单数量来表示。深度越大，市场所能承受的交易量越大，单个交易可以立即被执行并且不会影响市场，市场流动性水平越高。

（三）即时性（Immediacy）

即时性刻画的是流动性的时间因素，通常用完成一笔交易需要的时间长短来表示，它代表了市场完成交易的速度。即时性越强的市场，投资者进行交易所需的时间越短，市场的活跃程度越高，因而流动性越强。

在报价驱动机制下，投资者是按照做市商的报价进行交易，因此做市商可以立即执行交易；在订单驱动机制下，是市场撮合交易者的限价订单，因此需要花费一定的时间。因此在流动性的即时性方面，报价驱动市场比订单驱动市场更具优势。

（四）弹性（Resiliency）

弹性是上述三个因素的综合，交易价格与市场均衡价格产生偏离时，这种偏离不是一成不变的，当交易价格向市场均衡价格返回时，速度越快，则弹性越好，流动性也越强。但是由于市场均衡价格很难确定，因此在实际中衡量弹性比较困难，目前没有统一公认的指标。

流动性四个维度之间的关系可以用一个函数来表示，用 L 表示流动性，p 表示宽度（价格变化），q 表示深度（交易量变化），t 表示即时性（交易时间），r 表示弹性，函数表示为：

$$L=f(p,\ q,\ t,\ r) \tag{3-1}$$

其中，$\frac{\partial L}{\partial p}<0$，$\frac{\partial L}{\partial q}>0$，$\frac{\partial L}{\partial t}<0$，$\frac{\partial L}{\partial r}>0$，这表示流动性的四个维度存在矛盾，例如深度和宽度之间变化互相冲突，深度越大则宽度越小，宽度越大则深度越小；即时性和价格变化也存在冲突，为了使交易能够在一个更优的价格上成交，等待时间影响即时性。

根据流动性四个维度，可以将衡量流动性的方法分为价格法、交易量法、价量结合法和时间法。

二 价格法

价格法是最直接度量流动性的方法，主要包括四种衡量方法：

（一）买卖价差（bid - ask spread）

买卖价差是债券市场买方报价与卖方报价之差，价差越小说明市场流动性越高。买卖价差一般有两种计算方法：一种是计算买方报价和卖方报价之间的差额，并取绝对值，叫作绝对价差；另一种是用绝对价差除以买方报价和卖方报价的均值，叫作相对价差。用 p_a 表示卖方报价，p_b 表示买方报价，RS_a 表示绝对买卖价差，RS_r 表示相对买卖价差，计算公式如下：

$$RS_a = p_a - p_b \tag{3-2}$$

$$RS_r = \frac{2(p_a - p_b)}{p_a + p_b} \tag{3-3}$$

在做市商市场，由于是报价商专门报价，因此买卖报价之间有一个价差，可以准确地计算出来；在竞价市场，由于交易订单是电脑撮合按照相同的买价和卖价成交的，因此没有价差存在。在竞价市场计算买卖价差使用未成交的有效订单的最高卖价和最低卖价之差来计算，这两个价格既是下一个时点可能出现的实际价格，又是投资者能够接受的最优价格。

（二）有效价差（effective spread）

有效价差是交易价格和买卖报价的中点之间的差额，它所衡量的是投资者实际的交易成本。用 RS_{ea} 表示绝对有效价差，RS_{er} 表示相对有效价差，p 表示当前交易价格，则计算公式为：

$$RS_{ea} = \left| \frac{p - (p_a + p_b)}{2} \right| \tag{3-4}$$

$$RS_{er} = \frac{2\left|\frac{p-(p_a+p_b)}{2}\right|}{p_a+p_b} \tag{3-5}$$

债券市场的许多交易并不是在买卖价差之内发生的，有效价差度量实际交易成本偏离买卖报价的程度，因此能够反映买卖价差之外的交易情况。我们可以用有效价差与绝对价差的差异来衡量交易成本的大小，差异越小，交易成本越低。

（三）实现价差（realized spread）

实现价差是已经完成的交易价格与之后某时点买卖价差中点的差额，它考虑了市场交易的影响，也可以分为绝对实现价差和相对实现价差，用 RS_{ra}表示绝对实现价差，RS_{rr}表示相对实现价差，t 表示交易完成后的某一时点，用 p_{t_a}表示 t 时点卖方报价，p_{t_b}表示 t 时点买方报价，则绝对实现价差和相对实现价差的计算公式为：

$$RS_{ra} = \left|\frac{p-(p_{t_a}+p_{t_b})}{2}\right| \tag{3-6}$$

$$RS_{rr} = \frac{2\cdot\left|\frac{p-(p_{t_a}+p_{t_b})}{2}\right|}{p_{t_a}+p_{t_b}} \tag{3-7}$$

（四）定位价差（positioning spread）

定位价差是实现价差与有效价差之间的差额。知情交易商（informed trader）由于有信息优势，可以获得私人信息，当交易后价格发生变化时，他们会凭借信息优势获利，也就是实现价差要小于有效价差。

（五）Roll 的估计价差

Roll（1984）提出了一种新的估计价差的方法，这种估计价差的方法实施需要两个假设条件：第一，市场是有效市场；第二，价格变化的概率分布是稳定的。他推导出相邻时点上价格变动是反向变化的，有效价差和相邻时点上市场价格变动的协方差有关，用 S_t 表示 t 时间估计价差，p_t 表示 t 时间价格，Δp_t 表示 t 时间价格变化量，公式可以表示为：

$$S_t = \frac{1}{2}\sqrt{-\mathrm{cov}(\Delta p_t,\ \Delta p_{t-1})} \tag{3-8}$$

李焰、曹晋文（2005）把 Roll（1984）测量方法引入中国国债市场的研究中，用有效价差作为衡量流动性宽度的指标，比较了交易所市场和银行间市场的宽度。

三　交易量法

（一）成交深度

成交深度是一个交易量指标，是指最优买卖价位上的成交量，可以用交易规模来表示。如果某只债券的交易规模比较大，说明在一定时间内，交易比较频繁，活跃程度比较高，流动性比较强。

（二）市场深度（market depth）

市场深度是对特定价位订单数量的描述，特定价位一般是指最优买卖报价。市场深度是与交易量相关的指标，市场深度大说明在特定价格下市场可容纳的交易量比较多，市场流动性好；相反市场深度小说明当前价格下市场的承受能力有限，只能进行小规模交易，大额交易不能完全执行给市场带来较大影响，因此流动性差。市场深度也可以用报价深度来表示，依据国债市场做市商买卖报价和数量信息，Fleming（2001）计算了报价深度，用 OD_{quote} 表示，卖出方的最优报价和数量分别用 p_s 和 v_s 表示，买入方的最优报价和数量分别用 p_b 和 v_b 表示，计算公式为：

$$OD_{quote} = p_s \cdot v_s + p_b \cdot v_b \tag{3-9}$$

（三）换手率（turnover ratio）

换手率是常用的衡量流动性的指标，一般用某一时间内的成交量与总流动股数的比值来表示。Kamara（1994）使用了换手率，即交易额与净流通量的比率衡量国债市场流动性：

$$TR = \frac{V}{NOA} \tag{3-10}$$

其中，TR 代表换手率，V 代表国债某一品种交易额，NOA 代表净流通量。换手率主要衡量持有债券的时间，换手率越大，交易次数越多，持有时间越短，流动性越强。

（四）成交率

成交率是指实际执行交易与总交易量的比率。可以用三个指标表示：第一，按照某一价格全部成交订单与总订单数的比率；第二，部分成交订单与总订单量的比率；第三，订单即时成交的概率，既包括市价订单，也包括高于最优买卖报价的限价订单。

（五）深度改进

市场深度是指最优买卖报价上的交易量，深度改进是指订单数量超过市场深度，并且订单的成交价格至少等于报价。它通常由两个指标来衡量：第一，深度改进量，主要指等于或低于报价成交的数量和报价数量之差；第二，深度改进率，订单数量超过最优买卖报价上交易量的概率。

四　价量结合法

单独使用价格或交易量衡量流动性并不全面，需要把价格和交易量结合起来，形成价量结合法，这种方法主要包括两个内容：一是价格冲击模型，二是流动性比率。

（一）价格冲击模型

价格冲击模型是衡量新的交易量发生时市场价格的变化程度，即对买卖价差的影响程度，主要包括以下几种模型：

1. 市场深度模型

基于交易量对价格的影响，Kyle（1985）提出了市场深度模型，该模型主要考察价格对交易量的敏感程度，即买方或卖方交易造成价格上涨或下跌情况。它的具体计算是衡量固定时间段内买方与卖方交易量之差对价格的影响，这个模型不仅考虑到了深度指标，而且考虑到了交易量因素。模型表述如下：

$$p = \mu + \lambda y,\ D = \frac{1}{\lambda} \tag{3-11}$$

模型中各个变量所代表的含义为：p 为交易价格，μ 为证券的内在价值，λ 为敏感系数，y 为交易量，D 为市场深度。该模型表示了当价格对交易量的敏感度 λ 较小时，交易量变化对价格造成的影响越小，市场冲击力弱，流动性越强；反之，当 λ 越大时，影响越大，市场流动性越差。

2. Glostern - Harris 交易成本模型

如式（3-12）所示，Glostern 和 Harris（1988）提出了测量流动性的交易成本模型：

$$\Delta p_t = \lambda q_t + \psi(D_t - D_{t-1}) + \varepsilon_t \tag{3-12}$$

其中，Δp_t 代表价格变化量，q_t 代表第 t 笔交易的交易量，q_t 还包含了正负号，代表交易的方向，D_t 代表第 t 笔交易是买进还是卖出，ε_t 代表回归方程的误差项。λ 和 ψ 是方程的回归系数，λq_t 代表可变交易成本，ψ 代表不变交易成本，二者表示交易的总成本。当 λ 的值较大时，说明价格变化对买卖方向交易量变化比较敏感，当 ψ 的值比较大时，说明价格变化对交易方向的影响更敏感，这二者的值越大，说明交易成本越高，流动性越差。

3. 刺激反应模型（Impulse Response Model）

Hasbrouck（1991）提出了用 VAR 模型分析交易中的信息内容和交易对价格的影响程度，他采用的方法是测量报价和交易之间的敏感系数。模型表述如下：

$$r_t = \sum_{i=1}^{5} a_i r_{t-i} + \sum_{i=0}^{5} b_i x_{t-i}^0 + v_{1,t}$$

$$x_t^0 = \sum_{i=1}^{5} c_i r_{t-i} + \sum_{i=1}^{5} d_i x_{t-i}^0 + v_{2,t} \tag{3-13}$$

其中，r_t 定义为价格（买卖报价中点）的变化，x_t^0 是交易指示性变量，测量交易（买卖）的方向，+1 表示买入指令，-1 表示卖出指令，交易时间用 t 表示，$v_{1,t}$ 和 $v_{2,t}$ 分别代表非预期的价格变化和非预期交易，a、b、c、d 是方程的回归系数，方程计算了滞后 5 期的情况。模型主要分析交易中内幕信息的含量，内幕信息可以引起非预期交易，这种非预期交易是不可预测的，而流动性交易者的预期交易是可以预测的。

4. Hasbrouck - Foster - Viswanathan 交易成本模型

在 Hasbrouck（1991）模型的基础上，Brennan 和 Subrahmanyam（1996）按照 Foster 和 Viswanathan（1993）的框架构建了一个新的

模型，如式（3-14）所示：

$$q_t = \alpha_q + \sum_{j=1}^{5} \beta_j \Delta p_{t-j} + \sum_{j=1}^{5} \gamma_j q_{t-j} + \tau_t \tag{3-14}$$

$$\Delta p_t = \alpha_p + \psi [D_t - D_{t-1}] + \lambda \tau_t + \nu_t \tag{3-15}$$

其中，q_t 是带正负号的第 t 笔交易的交易量，Δp_t 代表第 t 笔交易的价格变化，j 代表第 t 笔交易后的滞后笔数，Δp_{t-j} 代表第 j 笔交易与第 t 笔交易价格的变化，D_t 代表交易方向，τ_t 是式（3-14）的残差项，代表了订单流的非预期部分，ψ 和 λ 代表回归系数，衡量交易成本，这二者的值越大说明交易成本越大，相应的流动性越小。

（二）流动性比率

流动性比率易于计算、简单明了，因此是价量结合法中常用的测量流动性的方法，它也是衡量交易量变化对价格的影响程度，如果交易量对价格的影响较大，则市场流动性较差；反之，市场流动性较好。下面逐一介绍各种类型的流动性比率。

1. Amivest 流动性比率

Amivest 流动性比率是最早由 Amivest 公司开发并使用的测量流动性方法，又叫作普通流动性比率（conventional liquidity ratio）。它衡量的是当价格变化 1 个单位时所需要的成交量的大小，用 L_{con} 代表普通流动性比率，t 代表时间，i 代表证券，P_{it} 代表价格，V_{it} 代表交易量，用具体公式表述为：

$$L_{con} = \frac{\sum_{t=1}^{n} P_{it} V_{it}}{\sum_{t=1}^{n} \left| \frac{\Delta P_{it}}{P_i} \% \right|} \tag{3-16}$$

其中，$\sum_{t=1}^{n} \left| \frac{\Delta P_{it}}{P_i} \% \right|$ 代表价格变化率的绝对值的累加之和，按照公式所表述的，该比率的值越大，说明价格变化 1 个单位，需要的成交量越大，因此成交量对价格的影响越小，流动性就越好。反之，流动性越差。它的优点是计算比较简便，数据也比较容易获得，但是由于其没有包括流通量因素，因此也有一定的不足。

2. Martin 流动性比率

Martin（1975）构建了新的衡量流动性的指标——马丁指数（Martin Index），Martin 流动性比率与 Amivest 流动性比率的计算方法相反，公式表述如下：

$$L_m = \sum_{t=1}^{n} \frac{(P_{it} - P_{i,t-1})^2}{V_{it}} \tag{3-17}$$

模型中的各项参数为：L_m 表示 Martin 流动性比率，P_{it}表示第 t 个交易日债券 i 的价格，V_{it}表示第 t 个交易日债券 i 的交易量。Martin 流动性比率越大，说明市场流动性越差，Martin 流动性比率越小，说明市场流动性越好。为了防止出现正负抵消的情况，在计算价格变化情况时用价格波动的平方来表示，但是当价格变化出现极端值时，可能会影响整个流动性比率的计算。

3. Hui - Heubel 流动性比率

与 Amivest 流动性比率类似，Hui 和 Heubel（1984）提出了"纯粹流动性"比率，他们在计算流动性时加入了债券的流通数量，具体计算公式表述如下：

$$L_{hh} = \frac{\dfrac{P_{max} - P_{min}}{P_{min}}}{\dfrac{V}{S \cdot \overline{P}}} \tag{3-18}$$

其中，L_{hh}表示 Hui - Heubel 流动性比率，P_{max}表示债券 5 个交易日内最高的成交价，P_{min}表示债券 5 个交易日内最低的成交价，V 表示 5 个交易日内的总成交额，S 表示债券的总流通量，$\overline{P}$表示 5 个交易日内债券的平均价格。

Hui - Heubel 流动性比率的优点在于考虑了债券规模因素，不是单纯地用成交量来衡量规模大小，而是用$\frac{V}{S \cdot P}$代表周转率，如果 Hui - Heubel 流动性比率比较低，说明在特定的周转率下，价格变化情况越小，流动性越高。该比率的缺点是在衡量价格的波动情况时采用的债券的最高价和最低价，不太科学，因为最高价和最低价如果出现极端值，会影响流动性测量的准确程度。

4. 市场调整的流动性（market - adjusted liquidity）

Hui 和 Heubel（1984）提出了一个流动性比率，还提出了基于市场调整的流动性，他们认为价格的变化不是仅仅受到交易量的影响，市场的变化情况等也是度量流动性应该考虑的因素，基于此他们构建了市场调整的流动性指标，测度市场变化对价格的影响。具体的计算分为两个步骤：

第一步模型：$R_i = \alpha + \beta R_m + \mu_i$ （3 - 19）

第二步模型：$\mu_i^2 = \gamma_0 + \gamma_1 V_i + e_i$ （3 - 20）

第一步模型中各参数代表的含义为：R_i 是股票的日收益率，R_m 是标准普尔指数，即市场日收益率，μ_i 是方程的误差项，α 是非系统性风险，α 和 β 是回归系数，其中 β 代表系统风险的大小。该模型的含义为：股票的收益率受到两方面的影响，一方面是市场波动情况的影响，即系统性风险；另一方面是非系统性风险的影响，非系统性风险的特征代表了流动性的大小。

第二步模型中各参数代表的含义为：μ_i 是式（3 - 19）中的误差项，V_i 是交易额每日的变化情况，用% 表示，e_i 是白噪声残差，γ_0 和 γ_1 都是方程的回归系数。该模型的含义为：交易量对非系统收益率的影响反映了流动性的大小，即 γ_1 是市场调整后的流动性，这个值越小，说明交易量对价格变化的影响越小，因此流动性越大。

5. Marsh - Rock 流动性比率

Marsh - Rock 流动性比率是 Marsh 和 Rock（1986）提出的一个综合性的衡量指标，他认为价格变化和交易规模之间的相互影响是不确定的，不能用直接的线性关系来刻画，但是和平均交易规模呈正比关系。因此 Marsh - Rock 流动性比率的计算方法表述如下：

$$L_{mr} = \frac{1}{T_s}\sum_{i=1}^{T_s}\left|\frac{\Delta P_{is}}{P_{is}}\%\right| \qquad (3-21)$$

其中，L_{mr}代表 Marsh - Rock 流动性比率，s 代表债券 s，i 代表第 i 笔交易，T_s 代表一个时间段内的交易笔数，$\left|\frac{\Delta P_{is}}{P_{is}}\%\right|$指价格变

化百分比的绝对值。该比率并不考虑交易金额因素，而是表示价格变化和交易笔数有关，如果该比率比较大时，说明每笔交易价格变化的均值比较大，因此流动性较差。

6. Amihud 非流动性比率（ILLIQ）

Amihud（2002）提出了非流动性比率，具体是用股票收益的绝对值和成交金额的比率来度量。公式如下：

$$ILLIQ_{iy} = \frac{1}{D_{iy}} \sum_{t=1}^{D_{iy}} \frac{|R_{iyt}|}{VOLD_{iyt}} \tag{3-22}$$

其中，$ILLIQ_{iy}$代表第 i 只股票在第 y 月的非流动性大小，D_{iy}是 y 月中用于计算的交易日的天数，R_{iyt}是第 i 只股票在第 y 月第 t 日的收益，$VOLD_{iyt}$是交易金额。这个比率表示的是每日交易金额变化对绝对价格变化的影响程度。非流动性比率的值越大，说明交易金额对价格变化影响程度越大，一个较小的交易金额就可以引起价格大幅波动，因此流动性越差。

五　时间法

流动性具有即时性，因此时间法也是测量流动性的重要方法，目前主要包括两种方法：交易执行时间和交易频率。

（一）交易执行时间

交易执行时间是指完成一项交易所需要的时间长短，具体用订单到达市场指令系统和订单完成的时间间隔来衡量，交易执行时间越长，说明市场流动性越差，交易执行时间越短，说明市场流动性越好。它的具体计算我们采用 Haomao 和 Hasbrouck（1995）的方法，公式表述如下：

$$\Delta t = T_e - T_r \tag{3-23}$$

其中，Δt 表示交易执行时间，T_e 表示订单到达市场的时间，T_r 表示订单完成的时间。交易执行时间计算起来比较简单，但是由于执行时间的长短与委托价格联系紧密，因此在测度流动性方面准确度不高。

（二）交易频率

在不考虑交易规模变化的情况下，一个时间段内交易频繁程度的变化就是交易频率，具体用交易的次数来表示。这个指标主要受到两个因素的影响，第一是交易执行时间，执行时间越短，交易频率就越高；第二是市场波动性，价格波动越剧烈，交易频率就越高。

（三）弹性

弹性是指市场价格偏离均衡价格恢复的速度，它也是时间法的一种。由于弹性目前没有一个统一的度量方法，因此准确性不高，常用的包括两种：一种是用相邻两个最优买（卖）价的差额来表示，另一种是用相邻两笔交易的价差来表示。价差越小，说明市场价格恢复均衡价格的速度越快，因此弹性越好，流动性也越强。

但是在实际应用弹性指标时，也会遇到困难，这是由于：第一，对弹性的准确把握需要合理地选择均衡价格，而均衡价格选择标准不一，没有达成共识，因此导致结果没有可比性，也降低了准确性；第二，弹性的度量中没有包括信息因素，也就没有办法表示信息的到达对价格的影响，因此对价格的影响因素确定不够准确，不能区分是受到交易量的影响，还是新信息的影响；第三，弹性在很大程度上受到市场波动的影响，市场比较稳定和市场波动剧烈时，弹性的大小不同。

六　流动性度量方法的总结与比较

目前对于公司债券流动性的测量已经形成了很多方法，这些方法主要从流动性的四个维度来测量流动性的大小，包括价格法、交易量法、价量结合法和时间法。总的来讲这些方法都是从不同的角度刻画流动性的特点，都只能代表流动性的某一方面的特征，各有优缺点。价格法优点是计算比较简便，但是缺点是准确性不高，不能准确地衡量交易成本的大小；价量结合法优点是将交易价格和交易量联系起来，可以清晰地看到交易价格和交易量法之间的相互影响，使用起来也比较方便，但是缺点是无法区分价格变化的原因，并且比较容易受到个别异常价格变化的影响，准确度不高；交易量法在概念上很清楚，使用起来也比较方便，但是并没有考虑价格的影响；时间法简便易行，易于计算，但衡量流动性的角度过于单一，仅仅考虑了时间因素。如表 3－1 所示，总结了各种方法的优缺点。

表 3－1　流动性度量方法的比较

度量方法	使用指标	计算方法	测定对象	优点	缺点
价格法	买卖价差	买方报价与卖方报价之差	潜在的执行成本	计算简便，适合衡量小额交易成本	准确度不高
	有效价差	交易价格与买卖报价中点之差	执行成本	准确衡量交易成本	价差中点作为均衡价格缺乏准确度
	实现价差	交易价格与交易后某时点价差中点的差额	交易执行后的市场影响成本	反映交易后价格变动情况	价差中点作为均衡价格缺乏准确度
	定位价差	实现价差与有效价差的差额	交易后价差变化情况	能够反映价差中的信息摩擦成本	需要确定均衡价格，影响准确度
	Roll 的估计价差	相邻时点市场价格变动的协方差	交易成本	根据债券的交易信息计算	需要严格的假设，实际中应用存在问题
交易量法	成交深度	最优买卖价位上的成交量	交易规模	数据容易获得，能够反映投资者交易意愿	可能低估市场深度
	市场深度	最优买卖报价上的订单数量	市场承受能力	容易操作	没有反映流动性提供者的交易意愿
	换手率	成交量与流通量的比值	债券持有时间	考虑了流通量因素	没有考虑价格变化
	成交率	实际执行交易与总交易量的比率	交易规模	简单易行	无法进行跨市场比较
	深度改进	超过最优买卖报价的订单个数或订单成交数量	等于或优于报价的成交情况	考虑了最优买卖报价之上的成交量	没有考虑价格因素

续表

度量方法		使用指标	计算方法	测定对象	优点	缺点
价量结合法	价格冲击模型	市场深度模型	根据价格交易量回归方差计算	价格对交易量的敏感度	考虑了交易行为对价格的影响	没有区分成本类型
		Glostern – Harris 交易成本模型	固定成本加可变成本	成交量价的变动	区分了固定成本和可变成本	准确度不高，可能高估或低估交易成本
		刺激反应模型	根据 VAR 模型计算	每次交易对价格的冲击	考虑了交易方向和公共信息对价格的影响	认为流动性交易者的交易具有可预测性，违背现实
		Hasbrouck – Foster – Viswanathan 交易成本模型	根据成交量模型和价格变化模型计算	交易成本	分析了非预期净买卖订单数量对价格的影响	不容易计算
	流动性比率	Amivest 流动性比率	交易量和价格变化绝对比率的比值	交易对价格的影响	将交易量与价格因素结合在一起	没有考虑公司流通股本数量
		Martin 流动性比率	每日价格变化的平方与每日交易量之比	价格每变化一个单位需要的交易量	克服了价格变化正负抵消的缺陷	比较容易受个别极端价格的影响
		Hui – Heubel 流动性比率	5 日中价格的变动情况与周转率的比值	特定周转率下价格对流动性的影响	考虑了公司规模因素	使用最高价和最低价衡量价格波动不合理

续表

度量方法		使用指标	计算方法	测定对象	优点	缺点
价量结合法	流动性比率	市场调整的流动性	根据市场调整流动性模型的两步计算	非系统性风险对交易量的敏感度	考虑了市场影响	没有区分临时性价格变化和长期价格变化
		Marsh - Rock 流动性比率	价格变化比率与交易笔数之比	平均交易规模对价格的影响	认为交易规模与价格变化关系不确定，考虑平均交易规模	没有考虑每笔交易的规模
		Amihud 非流动性比率	股票绝对收益与成交金额之比	交易金额对价格变化的影响	将价格变化和交易量相结合，计算简便	没有考虑市值规模的变化
时间法		交易执行时间	订单到达与完成的时间间隔	交易成交的时间	概念容易理解，便于使用	数据难以获得，准确度差
		交易频率	一段时间内的交易次数	交易次数	概念容易理解，便于使用	受市场波动性影响较大
		弹性	用价格偏离均衡价格返回的时间	恢复到真实价格所需要的时间	概念清晰	均衡价格确定标准不一

资料来源：廖敏辉：《我国企业债券市场的流动性研究》，硕士学位论文，湖南大学，2007 年，第 15 页。

由于各种测量流动性的方法都不是完美的，不能单靠一种方法来刻画流动性的特征，因此在研究公司债券流动性的问题时，必然是多种方法并用。在未来测量流动性的问题上必然还会出现多种新的方法，但未来的研究趋势应该更侧重于将交易的即时性与交易的价格结合起来，既考虑交易价格的影响，又考虑交易频率的大小。

第四节　公司债券流动性风险

一　流动性风险的内涵

流动性是指交易者付出较低的交易成本在较短的交易时间内能够完成大额证券交易，并且保持证券市场的稳定性。然而在实际的市场运作过程中，市场不一定总是有充足的流动性，当流动性不足时，市场交易成本上升，交易难度增加，这时投资者所面临的损失的可能性就是流动性风险。因此流动性风险就是市场交易成本增加和成交意愿不足给投资者带来损失的风险。流动性风险问题已经引起了学术界广泛的讨论，关于流动性风险的内涵也有多种不同的说法。

Garbade 和 Silber（1979）认为，流动性风险是一项资产在市场开始交易时的均衡价值与最终实现的交易价格之差的变化。Bangia 等（1999）将流动性风险划分为外生流动性风险和内生流动性风险，外生流动性风险是市场特征的结果，它是所有的市场参与者都需要面对的，不会被任何一个单个参与者所影响，但是会被市场所有参与者的联合行为所影响；内生流动性风险受到投资者在市场中交易规模的影响，交易规模越大，内生的流动性风险也越大，内生流动性风险在各个交易者之间是不同的，并且受到交易者个人行为的影响。Jorion（2001）认为，流动性风险有资产的流动性风险和资金的流动性风险两种，前者是指资产的清算价值与盯市价值的区别所带来的风险，后者是指没有有效的融资渠道导致资金短缺所带来的风险。本书研究的主要是资产流动性风险。

二　流动性风险的测度

目前对流动性风险测度的方法主要有三种：第一是方差法，第二是系数法，第三是 VaR 法。其中应用最广、发展最快的是 VaR 法。

（一）方差法

Garbade 和 Silber（1979）提出了测量流动性的方差方法，他们认为应该用资产在市场开始交易时的均衡价值和最终实现的交易价格之差的方差来测量流动性风险。

假设市场是完全竞争市场，单个交易者的行为不能影响市场的出清价格，将每一笔交易的成交时刻都看作清算时刻，在时间 t，证券不可观测的均衡价值是 m_t，r_t 是清算价格，则：

$$r_t = m_t + f_t,\ f_t \sim N(0,\ \frac{\sigma^2}{K}) \tag{3-24}$$

其中，f_t 是一个序列不相关过程，是方程的随机扰动项，σ^2 是它的方差系数，K 是市场参与者的数量，当 K 的值越大，市场的参与者越多，r_t 越接近于 m_t，清算价格越和真实价值接近。

假定τ是清算时间，用两个清算时刻之间的时间间隔来表示，ψ^2 是单位时间内均衡价值变化的方差，e_t 是一个序列不相关的随机扰动项，并且和 f_t 相互独立，则：

$$m_t = m_{t-1} + e_t,\ e_t \sim N(0,\ \tau\psi^2) \tag{3-25}$$

假设 ω 是单位时间内交易者进入市场的速度，$\omega\tau$是进入市场的交易者的数量，因此，

$$r_t = m_t + f_t,\ f_t \sim N(0,\ \frac{\sigma^2}{\omega\tau}) \tag{3-26}$$

流动性风险是均衡价值和实现价格之差的方差，假设交易者在 $t-\frac{1}{2}$时刻做出交易决策，在 t 时刻完成交易，则流动性风险表示为：

$$V_{\mathrm{p}} = \mathrm{var}(r_t - m_{t-\frac{1}{2}}) = \mathrm{var}[(r_t - m_t) + (m_t - m_{t-\frac{1}{2}})] \tag{3-27}$$

因为 e_t 和 f_t 相互独立，$m_t - m_{t-\frac{1}{2}}$的方差为 $0.5\tau\psi^2$，因此式(3 -

24）可表述为：

$$V_p=\frac{\sigma^2}{\omega\tau+0.5\tau\psi^2} \tag{3-28}$$

可以使流动性风险最小化的最优清算时间为：

$$\tau_{p^*}=\frac{\left(\frac{2}{\omega}\right)^{\frac{1}{2}}\sigma}{\psi}\text{，所以 }V_p^*=\sigma\psi\left(\frac{2}{\omega}\right)^{\frac{1}{2}} \tag{3-29}$$

从式（3-29）可以看出，资产的流动性与市场的交易者数量和稳定的均衡价格有关，流动性风险的变化与交易者进入市场的速度成反比，与价格波动率成正比，与均衡价格的标准差也成正比，因此投资者面临的流动性风险就是价格波动方差的最小值。

（二）系数法

除了用价格波动的方差来测量流动性风险之外，很多研究开始用敏感度来测量流动性风险。Chordia（2000）估计了单个股票的流动性对市场流动性的敏感度，以此来测量流动性风险的大小。他们估计了一个时间序列的市场模型：

$$DL_{j,t}=\alpha_j+\beta_j DL_{M,t}+\varepsilon_{j,t} \tag{3-30}$$

其中，$DL_{j,t}$代表证券 j 的流动性从 $t-1$ 时刻到 t 时刻变化的百分比，$DL_{M,t}$代表整个市场流动性变化的百分比，α_j 是常数项，β_j 是个股流动性对市场流动性的系数，即流动性风险的大小，$\varepsilon_{j,t}$是随机扰动项。

（三）VaR 法

VaR 法是一种衡量市场风险的有效方法，因此很多学者将流动性因素加入 VaR 方法，使它应用在衡量流动性风险中。

1. BDSS 模型

BDSS 模型是流动性调整后的 VaR 方法（liquidity adjusted VaR），即 La-VaR。它是由 Bangia 等（1999）提出的。他们在传统的 VaR 模型中引入了外生流动性风险，用相对买卖价差来衡量价格的波动。模型表述如下：

$$La-VaR=P_t(1-e^{-2.33\sigma_t})+\frac{1}{2}[P_t(\bar{S}+\alpha\tilde{\sigma})] \tag{3-31}$$

式（3-31）前半部分是按照普通的 VaR 方法度量的市场风险，假设收益率服从正态分布，在 99% 的置信水平下，分位数为 2.33。其中 P_t 代表在时间 t 的中间价格，是买入价与卖出价的平均值。式（3-31）后半部分度量的是外生流动性风险，它是确定的平均价差与价差的波动情况之和，$\bar{S}$是平均相对价差，它的计算是用卖方报价与买方报价之差除以买卖报价的中间值，$\tilde{\sigma}$是相对价差的波动率，α 是一定置信水平下的分位数。

2. Hisata 和 Yamai（2000）的流动性风险度量模型

Hisata 和 Yamai（2000）建立了一个包含市场影响的流动性风险度量模型，他们将市场的效应分为永久性影响（permanent market impact）和暂时性影响（temporary market impact），这里仅以离散型时间模型为例说明这种方法的计算过程。

第一，计算离散模型下的市场影响，估计市场系数。假设价格变化受到三方面因素的影响：价格的漂移、价格波动和市场影响，价格的漂移和波动是和投资者个人交易没有关系的，而市场影响是和个人交易有关的，假设和投资者个人交易无关的市场波动可以表示为一个算术随机游走，因此市场价格被定义为：

$$S_k = S_{k-1} + \sigma \tau^{\frac{1}{2}} \xi_k + \mu t - \gamma n_k = S_0 + \sigma \sum_{j=1}^{k} \tau^{\frac{1}{2}} \xi_j + \mu t_k - \gamma (X - x_k) \tag{3-32}$$

其中，S_k 为市场价格，σ 是价格变动率，μ 是价格漂移，ξ_j 是服从标准正态分布的随机变量，由于模型假设是离散时间下的，将卖出时间等分为 N 段，每两个时点之间的时间间隔为τ，t_k 代表第 k 个时间段，卖出的股份总数为 X，x_k 表示在第 k 个时间段持有的股份数，n_k 表示在第 k 个时间段卖出的股份数，γ 为永久市场影响系数。

由于暂时性市场影响不是一直都存在的，因此假设在计算卖出价格时需要去掉这部分影响，卖出价格可以表示为：

$$\tilde{S}_k = S_k - \varepsilon - \eta v_k \tag{3-33}$$

其中，ε 是买卖价差，η 是暂时市场影响系数，v_k 是单位时间内卖出交易量。因此，

$$\widetilde{S}_k = \underbrace{S_0 + \sigma \sum_{j=1}^{k} \tau^{\frac{1}{2}} \xi_j + \mu t_k}_{(1)} \underbrace{- \gamma(X - x_k)}_{(2)} \underbrace{- \varepsilon - \eta v_k}_{(3)} \tag{3-34}$$

从式（3－34）中可以看出，卖出价格包括三个部分：算术随机游走、永久市场影响和暂时市场影响。

假设 $\overline{S}$ 是市场价格的平均值，总卖出头寸的市场价值可以计算为：

$$\begin{aligned} X\overline{S} &= \sum_{k=1}^{N} n_k S_k = XS_0 + \sigma \sum_{k=1}^{N} \tau^{\frac{1}{2}} x_k \xi_k + \mu \sum_{k=1}^{N} \tau x_k - \gamma \sum_{k=1}^{N} n_k (X - x_k) \\ &\quad - \varepsilon X - \eta \sum_{k=1}^{N} \tau v_k^2 = XS_0 + \sigma \sum_{k=1}^{N} \tau^{\frac{1}{2}} x_k \xi_k + \mu \sum_{k=1}^{N} \tau x_k - \frac{1}{2}\gamma X^2 \\ &\quad - \varepsilon X - (\eta + \frac{1}{2}\gamma \tau) \sum_{k=1}^{N} \tau v_k^2 \end{aligned} \tag{3-35}$$

因此，在交易开始投资者持有头寸的市场价值为 XS_0，从开始到市场价值变为 $X\overline{S}$之间的交易成本 C 可以表示为：

$$\begin{aligned} C &= XS_0 - X\overline{S} = -\sigma \sum_{k=1}^{N} \tau^{\frac{1}{2}} x_k \xi_k - \mu \sum_{k=1}^{N} \tau x_k + \frac{1}{2}\gamma X^2 + \varepsilon X \\ &\quad + (\eta + \frac{1}{2}\gamma \tau) \sum_{k=1}^{N} \tau v_k^2 \end{aligned} \tag{3-36}$$

交易成本的一阶矩和二阶矩表示为 $E[C]$ 和 $V[C]$，则：

$$E[C] = -\mu \sum_{k=1}^{N} \tau x_k + \frac{1}{2}\gamma X^2 + \varepsilon X + (\eta + \frac{1}{2}\gamma \tau) \sum_{k=1}^{N} \tau v_k^2 \tag{3-37}$$

$$V[C] = \sigma^2 \sum_{k=1}^{N} \tau x_k^2 \tag{3-38}$$

第二，计算离散时间模型下的最优执行策略。最优执行策略是成本最小化的执行策略，这个成本是清算投资者头寸的成本，即平均交易成本和承担市场风险的成本之和，因此，

$$L = E[C] + rZ_\alpha \sqrt{V[C]} \tag{3-39}$$

其中，r 是资本成本，Z_α 是标准正态分布百分位中高于 100α 的部分。假设投资者按照匀速卖出，即每一个时间区间的卖出量相等，则：

$$E[C]=-\frac{1}{2}\mu\tau X(N-1)+\frac{1}{2}\gamma X^2+\varepsilon X+\frac{\eta X^2}{\tau N}+\frac{\gamma X^2}{2N} \quad (3-40)$$

$$V[C]=\frac{1}{3}\sigma^2\tau X^2N(1-\frac{1}{N})(1-\frac{1}{2N}) \quad (3-41)$$

$$L=E[C]+rZ_\alpha\sqrt{V[C]}=-\frac{1}{2}\mu\tau X(N-1)+\frac{1}{2}\gamma X^2+\varepsilon X+\frac{\eta X^2}{\tau N}+\frac{\gamma X^2}{2N}+rZ_\alpha\sqrt{\frac{1}{3}\sigma^2\tau X^2N\left(1-\frac{1}{N}\right)\left(1-\frac{1}{2N}\right)} \quad (3-42)$$

使成本最小化的最优卖出数量 N 的计算为：

$$\frac{\partial L}{\partial N}=-\frac{\mu\tau X}{2}-\frac{\eta X^2}{\tau N^2}-\frac{\gamma X^2}{2N^2}+\frac{rZ_\alpha\sqrt{\frac{\sigma^2\tau X^2}{3}}\left(1-\frac{1}{2N^2}\right)}{2\sqrt{N-\frac{3}{2}+\frac{1}{2N}}}=0 \quad (3-43)$$

假设在一个较短的时间内，价格漂移是可以忽略的，即 $\mu=0$，因此，

$$\frac{N^2-\frac{1}{2}}{2\sqrt{N-\frac{3}{2}+\frac{1}{2N}}}=(\frac{\eta}{\tau}+\frac{\gamma}{2})\frac{\sqrt{3}X}{rZ_\alpha\sigma\sqrt{\tau}} \quad (3-44)$$

第五节 流动性溢价理论

资产定价与资产流动性之间的关系会引发证券市场流动性的风险，通常我们认为，流动性的变化会导致价格风险的产生，基于资产流动性与资产价格之间具有某种相关关系，因此这种价格风险就是流动性风险，出现这种情况时我们采用折让资产价格的形式对价格风险进行补偿，这种折让就是流动性溢价。对证券流动性溢价进行分析估计是一件很有价值的事情，从学术方面来说，估计流动性溢价可以发现资产风险中的流动性风险部分，资产定价时考虑对该风险进行相应定价，对解释“信用价差”之谜起到一定的作用；从现实交易方面来说，估计资产流动性溢价可以帮助投资者更科学地定价资产。Amihud

和 Mendelson（1986）提出了流动性溢价的理论，他们建立了平衡模型，使用买卖价差来衡量市场流动性，在有做市商的报价驱动市场对流动性溢价的存在性进行了检验，证明了市场流动性的存在，开创了市场流动性溢价研究的新领域。Brennan 和 Subrahmanyam（1996）检验了不同市值组合的股票流动性之间的显著差异，验证了股票市场的流动性溢价，为了更好地控制其他相关因素的影响，在检验模型中引入了 Fama 和 French 的三因素模型，对研究样本进行分组，在各组样本中进行回归分析，回归模型中的因变量为每组样本组合的超额回报率，因变量为账面市值比、发行规模、市场超额收益率，分析结果显示，流动性在很大程度上影响资产定价。在传统的研究中，由于证券市场的发展不够成熟，流动性溢价的研究大多采用简单的线性回归来检验，回归中的因变量使用债券收益价差，自变量有债券流动性衡量指标和其他控制变量，比如另外的风险因子。随着市场不断的发展成熟，债券市场的透明度不断升高，市场交易数据的获取困难度逐渐降低，债券市场的流动性溢价研究开始展开。Hong 和 Warga（2000）建立了收益率价差对流动性水平、流动性代理变量的流动性溢价检验模型，模型中加入了信用评级来控制债券的信用风险，使用债券期限对债券的利率风险进行控制，该模型发展了早期流动性溢价模型，解决了早期模型没有对信用风险进行控制的问题。Gebhardt 等（2001）提出了债券市场收益率对各因素债券市场流动性溢价检验模型，自变量因素包括斜率因素、信用因素、信用评级和债券到期日，研究结果表明，信用评级对债券收益率有一定的影响效果，债券到期日同样也对债券收益率有一定的影响效果。国外的流动性溢价检验模型对我国的流动性溢价的研究很有启发和借鉴的重要意义，鉴于我国证券市场与国外存在很大的差异性，在检验我国债券市场流动性溢价效应时，应结合我国债券市场特征和债券特色，对债券流动性溢价检验模型进行修正。资产定价理论主要就是测定预期收益和风险之间的权衡，通常就是建立一个预期收益对风险的回归模型进行实证研究，其中预期收益用代理变量表示，风险也同样使用代理变量表示，经典的例子有资本资产定价模型、套利定价模型、三因素模型，资本资产定价模型的解释变量仅为投资组合的收益率；套利定价模型把任一资产的价格表示为几个因素的线性组合；三因素模型的解释变量包括三个部分，分别是投资组合的收益率、根据公司规模大小分组的投资组合收益率差异，及根据账面市值比分组的投资组合收益率差异。

传统理论都假定市场是完美的，但实际生活中的资本市场并不完美，因此经过实证研究显示，传统的经典模型并不能完全有效地解释资产收益。传统资产定价理论一般都假设市场是光滑和完全竞争的，在假设市场下，交易没有成本和限制，并且参与者的交易行为不会对市场价格产生影响，即没有考虑到市场流动性因素对资产价格的影响效果。很显然，这样的市场假设与实际市场情形是完全不符的，现实市场中不仅存在交易成本，而且还不是完全竞争的，市场参与者之间存在着严重的信息不对称情况。鉴于现实资本市场的复杂情况，传统的资产定价模型很难很好地解释实际市场，因此，对传统的资产定价模型进行发展与改进在所难免，后来的学术研究在资产定价理论中加入了市场微观结构理论，市场流动性对资产定价的影响受到重视，资产定价研究开展了新的研究方向。

Garbade 和 Silber（1979）提出了市场流动性对资产定价具有影响作用，做市商在进行流动性低的债券交易时，需要承担一定的流动性风险，要求获得流动性风险补偿，在债券价格的表现就是要求更低的债券价格。Amihud 和 Mendelson（1986）对流动性与资产定价之间的关系进行了研究，检验证明了流动性会影响资产定价，低流动性资产被预期高收益，高流动性资产被预期低收益，实际情况也是，流动性低的股票收益率显著高于流动性高的股票收益率。很显然，在股市，流动性对资产定价的影响是非常显著的，股票没有期限限制，流动性对股票的存在有着重要的意义，与股票不同的是，债券是有期限的，债券市场与股票市场也存在很大差异，流动性对债券的影响效果与股票应该有所差异，那流动性是否也显著地影响债券定价呢？继 A－M 理论之后，许多学者对流动性与债券定价关系展开了广泛研究。研究表明，在发展成熟的债券市场，流动性对债券价格的影响也是显著的。Amihud（1991）通过研究证实了债券市场流动性对债券定价存在显著的影响，Longstaff（1995）提出流动性对资产定价有显著影响，对此的解释为，高流动性证券是未来交易的有效期权，它为交易提供了一定的保证。

第六节　其他相关理论

一　交易成本理论

传统的研究对经济活动的分析通常设定三个基本假设，即理性人假设、市场无摩擦假设、零交易成本假设。假设认为市场的信息、资金可以无成本地自由流通，资本市场仅仅存在市场风险，因此传统的资产定价研究结果中隐含着零交易成本的前提。现实市场并不是光滑的，摩擦无处不在，在实证研究中，我们应该清楚地认识到交易成本对经济研究的重要性，交易成本决定了市场的效率，也就是市场的流动性，市场流动性对资产定价有着显著影响。

1968 年，Demsetz 出版了经典文献《交易成本》，开创了资产价格研究的新篇章。在微观结构理论的发展初期，理论的主要研究内容是资产价格产生的原理和形成过程，早期的存货模型就是根据交易成本理论构建的。Demsetz 在发表的《交易成本》中，采用实证分析，对做市商市场的债券买卖价差进行了解释，提出了交易速度也就是即时性的全新想法，对市场流动性的发展起到了推动性作用。Demsetz 还认为，交易者之间买卖交易的供需关系不平衡导致了买卖报价价差的产生，这种买卖交易供需关系的不平衡体现在交易时间上的存在差别和交易数量上的存在差异，市场上的急躁交易者为寻求快速交易支付了额外的交易成本，这就是价差产生的原因。根据等待成本的不同，Demsetz 把市场参与者分为耐心者和焦急者，耐心者的等待成本较低，焦急者的等待成本较高，通常情况下，急躁交易者在寻求迅速交易的同时需要支付较高的等待成本，体现在资产价格上，促成了市场流动性的提高。从另一个角度来说，就是市场的流动性与市场参与者的各种特征息息相关，比如市场参与者的风险偏好、购买意愿、效用函数等。在流动性好的市场，急躁交易者寻求快速交易的额外成本较低流动性市场要少；在市场流动性不足时，交易者需要支付更高的交易成本创造市场流动性来完成交易。Demsetz 认为，买卖报价价差是急躁交易者为寻求快速交易支付的额外成本，为等待成本，市场流动性越低，急躁交易者寻求快速交易需要支付的额外成本越多。因为在流动性低的市场，急躁交易者只有出更高的报价才能吸引耐心交易者进行交易。Demsetz 的研究结果证明，流动性对资产定价产生有效影响。他的研究奠定了传统定价理论的发展基础，对交易成本进行了深入的分析和解读，对流动性研究的发展起到了至关重要的促进作用。

二 流动性偏好理论

凯恩斯（1936）在《就业、利息和货币通论》中提出流动性偏好理论，货币的需求，是指人们宁愿牺牲生息资产而储存不能生息的货币的一种需求倾向，产生这种倾向的原因在于货币可以满足人们三种动机，即交易动机、谨慎动机和投机动机。凯恩斯把这种人们对货币的需求叫作“流动性偏好”，财富以非货币形式持有可以给人们带来一定收益，例如债券是利息收入，股票的股息或红利收入，人们是出于何种想法愿意持有货币？凯恩斯认为，持有货币倾向的缘由是货币具有高流动性，可以满足人们的各种动机。第一，交易动机，持有货币可以满足人们进行平常生活支付的必备；第二，预防动机，持有货币可以在遇到意外时满足人们的支付需要；第三，投机动机，持有货币可以在生息资产有投资价值时及时抓住购买机会。总之，就是货币具有高流动性的特点，可满足人们各种购买动机，所以人们愿意持有货币，即流动性偏好。市场流动性与市场参与者息息相关，市场参与者有流动性偏好倾向，当市场利率很低时，人们预期市场利率不会再继续下跌，债券价格不会继续再升高，只会下跌，市场参与者将会抛售债券而持有货币，市场流动性就会降低，甚至会出现流动性枯竭的现象；当市场利率很高时，人们预期市场利率会降低，投资者就会愿意持有债券，债券市场的流动性就会突然升高，债券价格随之升高。可见，人们的流动性偏好倾向对市场流动性具有一定的影响效果。

三　利率期限结构的流动性理论

债券收益率曲线描述的是某个时点上不同期限债券收益率和到期期限之间的关系，也就是债券即期利率和远期利率的差异刻画。债券的利率期限结构是指债券的到期收益率和到期期限之间的关系，该关系可以用一条曲线来刻画，曲线的形状有四种情况：向上倾斜曲线、向下倾向曲线、水平线和拱形曲线。根据曲线的形状，可以将债券的利率期限结构分为四种类型：一是上升式，表示债券的期限越长，债券的到期收益率越高；二是下降式，债券的到期收益率与债券期限呈反向变动关系；三是驼峰式，表示期限比较短的债券，到期收益率与期限正相关，期限比较长的债券，到期收益率与期限负相关；四是水平式，表示债券期限的长短与债券的到期收益率无关。

在某一时间点上，未来利率的变动预期、未来的流动性溢价估计、投资者对不同期限债券的需求差异会影响债券的收益率曲线形状。因此，未来短期利率的无偏估计可以通过远期利率基于三种不同的理论来估计，分别为市场期望理论、流动性偏好理论和市场分割理论，构成了利率期限结构理论。其中，流动性偏好理论认为，债券收益率曲线受到利率预期和流动性溢价影响将呈现不同的形状，长期债券和短期债券的差异不仅仅存在于期限的长短方面，债券的持有者由于资金需求的不确定性，导致债券持有者对债券的持有期限不确定。由于债券未来流动性的不确定，债券的变现难易存在不确定性，债券持有者要求对这种不确定性获得补偿，补偿在债券价格上的体现即为债券流动性溢价，由于流动性溢价差异会影响债券收益率曲线形状，流动性溢价使得利率期限结构上升的更上升，下降的可能出现上升，也可能出现下降。如果流动性溢价不变，预期即期利率不变，呈上升式；如果流动性溢价不变，预期即期利率下降，收益率曲线呈驼峰式；如果流动性溢价上升，预期即期利率下降，收益率曲线呈上升式；如果流动性溢价上升，预期即期利率上升，收益率曲线将呈现急剧上升趋势；如果流动性溢价很小的时候，预期即期利率下降，收益率曲线呈缓慢下降趋势。总之，收益率曲线的上升不一定是由预期即期利率曲线上升引起的，但收益率曲线下降或呈驼峰状，预期即期利率曲线一定下降，收益率曲线的形状是由预期即期利率和流动性溢价一起决定的。利率期限结构理论描述了债券市场流动性受债券期限结构的影响情况。通常来说，债券的期限越长，投资者需要承担的风险越大，要求的风险补偿就越高，债券流动性溢价就越大；债券的期限越短，投资者需要承担的风险越小，要求的风险补偿就越低，债券流动性溢价也就越小。

第四章　资产定价相关理论

第一节　经典资产定价理论

一　马科维茨均值—方差模型

1952 年，马科维茨（Markowitz）发表的《投资组合选择》（Portfolio Selection）一文是现代投资组合理论的奠基之作，在这篇文章中，他提出了著名的均值—方差模型，均值—方差模型的含义是投资者在进行投资组合选择时需要考虑资产的期望收益率和风险，期望收益率用资产收益率的均值来衡量，而风险用收益率的方差来衡量，投资者需要关注资产收益率的均值和方差来进行最优选择。这个模型是建立在严格的假设之上的：

（1）投资者对利益的追逐永不满足，这一假设是指当投资者面临其他条件相同的两个投资组合时，总是会选择投资回报率高的那一个。

（2）投资者是厌恶风险的，是指投资者可选择的投资组合其他条件相同时，总会选择标准差较小的那一个，也就是说没有合理的风险补偿投资者是不会甘愿冒险的。

（3）投资者在选择投资组合时，只需要根据资产的预期收益率和标准差来衡量投资组合的优劣。

马科维茨均值—方差模型可以表述为：假设可用于进行投资的资产总额为 1，投资的股票（或债券、基金等）种类为 n，x_i 设为投资于 i 种股票的资产份额，R_i 为在投资期内投资于 i 种股票的收益率，若 $\sum_{i=1}^{n} x_i = 1$，则（x_1，x_2，…，x_n）称为有价证券组合。总收益为：

$$Y = \sum_{i=1}^{n} R_i x_i \tag{4-1}$$

由于 R_i 是随机变量，因此 Y 也是随机变量。设 Y 的分布为 $F(y)$，概率密度函数为 $f(y)$，则：

$$E(y) = \int_{-\infty}^{+\infty} y\mathrm{d}F(y) = \int_{-\infty}^{+\infty} yf(y)\mathrm{d}y \tag{4-2}$$

有价证券的马科维茨模型为：

$$\max\{E(y) = \sum_{i=1}^{n} E(R_i) x_i\} \tag{4-3}$$

约束条件为：

$$V = \sum_{i=1}^{n}\sum_{j=1}^{n} \sigma_{ij} x_i x_j \tag{4-4}$$

$$\sum_{i=1}^{n} x_i = 1 \tag{4-5}$$

该模型的含义为在给定的风险水平下，应该选择最大期望收益率的有价证券组合。对于投资者而言，有价证券收益的效用是收益的均值和方差的函数，理性的投资者是厌恶风险的，收益的均值越大越好，风险水平越小越好。在方差给定时，收益均值最大的为最优组合；给定收益的均值时，方差最小的为最优组合。满足这两个条件的集合就是有效集，如图 4－1 所示。

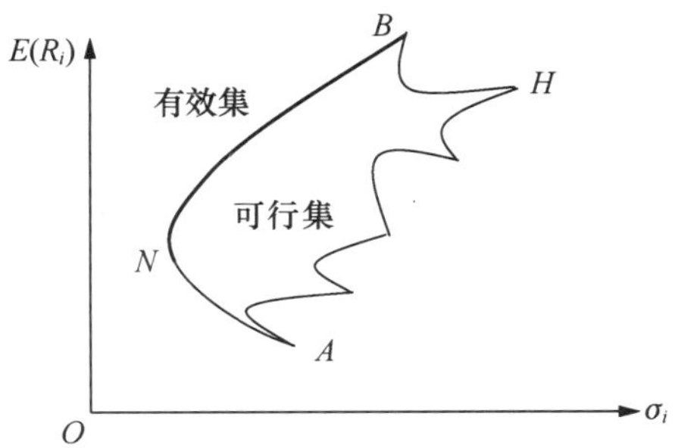

图 4－1　可行集与有效集

图 4－1 中，A、N、B、H 围成的区域是可行集，可行集边界上 N、B 两点间的部分是有效集。

如图 4－2 所示，投资者无差异曲线与有效集的切点就是投资者效用最大化的点，也就是最优的投资组合。

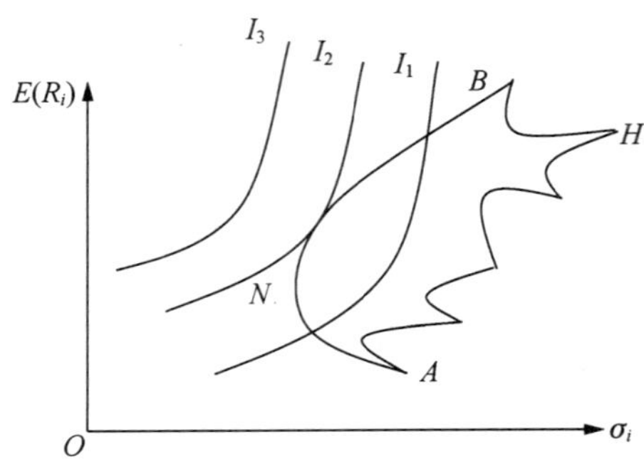

图 4－2　最优证券投资组合的确定

二　资本资产定价模型

在马科维茨最优投资组合理论的基础上，经济学家开始关注均值—方差模型对资产定价会产生哪些影响，这促进了资本资产定价模型（Captial Asset Pricing Model，CAPM）的出现。资本资产定价模型是由三位经济学家夏普（Sharpe，1964）、林特勒（Lintner，1965）和莫辛（Mossin，1966）分别提出的。资本资产定价模型的设定形式比较简洁，其中蕴含的逻辑推理非常严密，因此出现后广泛地应用在金融资产定价领域，成为资产定价理论的主要基石。

资本资产定价模型的设定是建立在一系列严格的假定之上的：

（1）投资者在评价投资组合的优劣时使用在投资期内的资产预期收益率和标准差；

（2）投资者对利益的追逐永不满足，这一假设是指当投资者面临其他条件相同的两个投资组合时，总是会选择投资回报率高的那一个；

（3）投资者是厌恶风险的，是指投资者可选择的投资组合其他条件相同时，总会选择标准差较小的那一个，也就是说没有合理的风险补偿投资者是不会甘愿冒险的；

（4）每一种资产都可以分割成无限份额，即投资者可以持有一项资产的某一部分；

（5）投资者在借入或者贷出资金时使用的无风险利率是相同的；

（6）交易过程中的所得税和交易费用均忽略不计，市场是无摩擦的；

（7）所有投资者都有相同的投资期限；

（8）对于所有的投资者来说，获得信息是不需要付出成本的，并且信息是立即可得的，也就是说市场不存在信息不对称现象；

（9）预期同质，即投资者对资产预期的内容相同，即对预期收益率、标准差、协方差等指标有相同的预期。

通过这些假设可以看出，资本资产定价模型对市场和投资者做出的极端情况的假定：市场是完全竞争的市场，没有摩擦是交易成本，投资者所拥有的信息都是相同的，使用的分析处理信息的方法也是相同的，因而对证券市场的预期一致。资本资产定价模型是指当证券市场处于均衡状态时，资产的预期收益率包括无风险收益率和风险溢价两部分，模型表述如下：

$$E(R_i)=R_f+\beta_i[E(R_m)-R_f] \tag{4-6}$$

其中，$E(R_i)$ 为证券组合的预期收益率，R_f 为无风险收益率，$E(R_m)$ 为市场组合的期望收益率，β_i 为敏感系数，用投资组合与市场收益的协方差和市场收益的方差的比值来表示，表示收益率变动对市场的影响程度，它的计算如下：

$$\beta_i=\frac{\text{cov}(R_i,\ R_m)}{\text{var}(R_m)} \tag{4-7}$$

通过资本资产定价模型可以看出，证券的预期收益率主要受到两方面因素的影响：一是时间因素，也就是说无风险利率；二是风险因素，这里指的是 β_i 所代表的系统性风险。资本资产定价模型用图形表示如图 4－3 所示。

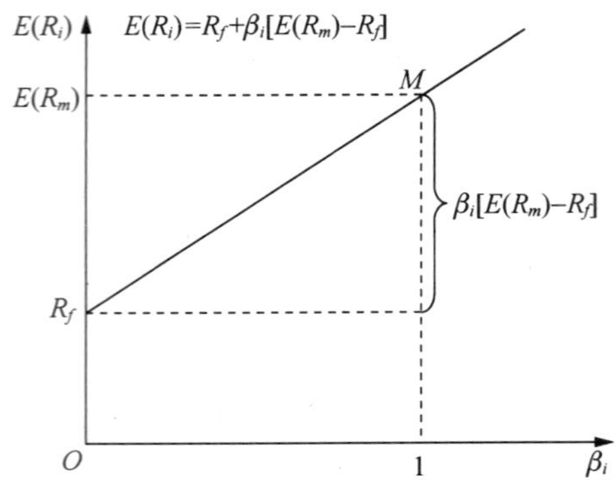

图 4－3 资本资产定价模型的几何图形

在资本资产定价模型的基础上，Black（1972）又提出了一种双因素模型（即零 β 模型），这个模型假定市场上不存在无风险资产，投资者不能以无风险利率借入和贷出资金，因此资本资产定价模型中的无风险利率需要用零 β 资产收益率来代替。零 β 资产是与市场组合的协方差为零的资产中，方差最小的资产。零 β CAPM 模型表述如下：

$$E(R_i)=E(r_z)+\beta_i[E(R_m)-E(r_z)] \tag{4-8}$$

其中，$E(R_i)$ 为证券组合的预期收益率，$E(r_z)$ 为零 β 资产收益率，$E(R_m)$ 为市场组合的期望收益率，β_i 为敏感系数。

三 套利定价理论

当投资确定最优投资组合时，需要对组合中每一种证券的预期收益率和方差进行计算，这带来了巨大的工作量，基于此，夏普（Sharp，1963）提出了因素模型，大大简化了计算过程。

（一）单因素模型

单因素模型假定证券收益率只受到单一因素的影响，模型的一般表达式为：

$$R_{it}=a_i+b_iF_t+e_{it} \tag{4-9}$$

其中，R_{it}是证券 i 在 t 时期的收益率，F_t 是 t 时期影响证券收益的单一因素的预期值，a_i 是零因子，是单因素为零时证券的收益率，b_i是敏感系数，代表单因素对证券收益率的影响程度，e_{it}是随机误差项。单因素模型将影响证券价格变化的多种力量用一种因素集中表示，主要衡量这种因素对证券收益率变化的影响。

（二）多因素模型

实际上单因素模型是无法反映证券收益率变化情况的，因为价格变动往往受到多种因素的共同影响，多因素模型假定有多个因素影响证券收益率的变化，通过建立多元函数来反映这些因素的灵敏度。用多因素来表示如下：

$$R_{it} = a_i + b_{i1}F_{1t} + b_{i2}F_{2t} + \cdots + b_{ik}F_{kt} + e_{it} \tag{4-10}$$

其中，F_{1t}，F_{2t}，…，F_{kt}是影响证券收益率的 k 个因素，b_{i1}，b_{i2}，…，b_{ik}是 k 个因素的敏感系数，a_i 是零因子，是 k 个因素都为零时证券的收益率，e_{it}是随机误差项。

在因素模型的基础上，罗斯（Ross，1976）提出了套利定价理论（Arbitrage Price Theory，APT)，套利定价理论和资本资产定价模型的相同之处在于都是衡量风险对证券预期收益率的影响，但是前者的假设条件要宽松很多。套利定价理论的假设条件为：

（1）市场是完全竞争的，并且是无摩擦的，没有交易成本；

（2）当市场存在无风险的套利机会时，投资者会利用这个机会获得收益；

（3）投资者对于市场的预期相同；

（4）每一只证券的随机误差项都是独立存在的，与因素不相关，与其他证券的随机误差项也不相关；

（5）因素的个数要远远小于市场上的证券的数量。

在这些假定条件成立的情况下，套利定价理论指的是证券的收益率变化受到一系列因素的影响，它与这些因素之间是线性相关关系。模型的数学表达式如下：

$$E(r_i) = \lambda_0 + \lambda_1 b_{i1} + \lambda_2 b_{i2} + \cdots + \lambda_k b_{ik} \tag{4-11}$$

其中，$E(r_i)$ 是证券 i 的预期收益率，b_{i1}，b_{i2}，…，b_{ik}是影响证券收益率的 k 个因素，λ_1，λ_2，…，λ_k 是各个因素的敏感系数，λ_0 是各个因素为零时，证券的预期收益率。模型表达的含义为：证券的预期收益率受到所有因素的影响，这些因素的风险溢价相加就是预期收益率的大小，风险溢价用该因素的敏感系数和风险价格的乘积来计算。影响证券预期收益率的各个因素之间是相互独立的，并且当各个因素为零时的收益率应该是无风险收益率。

虽然套利定价理论没有严格的假设条件，没有对投资者和市场做过多的假定，但是对各种因素的定义不明确，这些因素如何影响预期收益率也没有详细说明，因素的确定和因素的数量都没有可遵循的规则。此外，由于不同经济体制下的相同证券的收益不同，即使是同一证券在不同时期的收益也不同，因此各种因素对收益的影响程度不一，导致分析结果和理论解释相去甚远。

四 Fama－French 三因素模型

自从资本资产定价模型产生以来，得到了广泛的应用，并在很长一段时间内影响着学者关于投资收益与风险关系的研究，但是由于资本资产定价模型是建立在严格的前提假设之上的，在现实中出现了很多与 CAPM 相矛盾的现象，被称为异常现象（anomalies），比较典型的异常现象有规模效应（size effect）、价值效应（value effect）、反转效应和动量效应。

（一）规模效应

规模效应是异常现象中突出的现象之一，Banz（1981）研究了规模因素（用证券的总市值来表示，即股票价格和流通股份的乘积）对平均收益率横截面变化的影响，具体做法是按照市值大小将纽约证券交易所股票排序，并分成 5 组，比较小公司股票和大公司股票的平均收益率，结果显示，市值最小的一组平均收益率却是最高的，比市值最大的一组高出 19.8%。Reinganum（1981）也发现和 CAPM 模型预测的理论值相比，规模最小公司的股票平均收益率高 18%。James 和 Edmister（1981）也发现了显著的规模效应，并且在小规模公司组合中，越是频繁交易的股票异常收益率也越高。Roll（1981）认为，小公司的高收益率是由于对小公司的风险测量不够准确，造成这种错误的原因是小公司交易不频繁，因此投资组合的收益率有较高的自相关性。Fama 和 French（1992）按照股票市值大小进行分组，发现一组中低β值的股票却有高的收益。

（二）价值效应

在衡量股票价值时，通常使用股票账面价值与市值的比率（book – to – market ratio，BE/ME）、市盈率（price/earnings，P/E）等，许多研究发现，这些比率和股票的平均收益率之间都有显著的相关关系。Stattman（1980）发现美国股票的平均收益与公司普通股的账面市值比有正相关关系。Bhandari（1988）发现在控制了风险系数和公司规模之后，普通股股票预期收益率和杠杆比率正相关。Chan 等（1991）分析了四个因素对日本股票收益横截面变化的影响，这四个因素分别是：收益率、公司规模、账面市值比和现金流收益，实证结果显示这些因素都对预期收益率有显著影响，并且账面市值比和现金流收益的显著性最强。Basu（1983）按照市盈率的大小将股票分成 5 个组，分别计算市盈率最高组和最低组的预期收益率，结果显示市盈率高的组合预期较差，而市盈率低的组合预期较好。这说明市盈率对股票的平均收益也有很强的解释能力。Peavy 和 Goodlnan（1985）在减少了由于规模、行业和低交易频率等因素可能造成的误差后，发现低 P/E 比率的股票反而可以实现高的超额收益率。另外在世界很多国家都发现了这种市盈率效应，Aggarwal 等（1988）使用日本东京股票市场的数据，发现了市盈率效应；Wong 和 Lye（1990）与 Chou 和 Johnson（1990）分别在新加坡市场和中国台湾地区市场发现了显著的市盈率效应。

（三）反转效应

De Bondt 和 Thaler（1985）最早研究了证券市场中的反转效应，他们发现股票的长期收益会出现反转现象，他们把过去 3—5 年平均收益高的股票定义为“强势股票”（winner），把过去 3—5 年平均收益低的股票定义为“弱势股票”（loser），研究发现，在历史时期表现差的弱势股票会在接下来的 3—5 年出现高的平均收益，而历史时期表现好的强势股票会在接下来的 3—5 年出现较低的平均收益，从而出现反转现象。Jegadeesh 和 Titman（1990）还研究了短期收益的情况，结果表明，短期内如几个星期或几个月前的逆向投资策略会给投资者带来超常股票收益，这种逆向投资策略既需要价格波动，又需要交易频繁进行，因此在短期内可能存在价格压力或缺乏市场流动性。

（四）动量效应

与 De Bondt 和 Thaler（1985）不同，Jegadeesh 和 Titman（1993）研究了基于过去3—12个月的股票表现，将股票按照之前3个月、6个月、9个月、12个月的收益分别进行升序排序，按照排序结果将股票等分成10个证券组合，并使用两个收益创造模型来考察这些股票组合在3个月、6个月、9个月、12个月的收益情况。结果表明，强势股票会产生显著的正的超额收益，排序期为12个月、持有期为3个月的组合会产生最大的收益。也就是说，业绩好的股票会持续走高，而业绩差的股票却没有反转的希望，这类似于物理学当中的惯性，即“动量效应”。

由于资产定价模型不能解释上述异常现象，越来越多的实证研究表明传统资产定价模型之外的一些因素对收益率的变动有解释能力，例如规模因素、市盈率因素、账面市值比因素等。Fama 和 French（1992）研究了1963—1990年的股票收益情况，发现规模和净值市值比对平均收益有解释能力，而β对于股票截面平均收益没有什么解释力。

在总结了以往研究的基础上，Fama 和 French（1993）构建了三因素模型来考察整体市场变量、公司规模和净值市值比对股票收益变化的影响。首先，他们构建了股票组合，按照市值规模将所有股票分成大公司和小公司两组，再按照净值市值比的高低分成三组，再将这两组和三组交叉，从而形成六个股票组合，然后再分别计算这六个组合的加权月平均收益率。接着他们又计算了和股票收益有关的三个风险因素，分别是与规模有关的 SMB，与净值市值比有关的 HML 和与市场组合有关的 $R_M - R_F$。三因素模型表述如下：

$$R_t - R_{F,t} = a + b(R_{M,t} - R_{F,t}) + sSMB_t + hHML_t + \varepsilon_t \tag{4-12}$$

其中，R_t 是 t 月的股票或债券组合的月收益率，$R_{F,t}$是短期国债月收益率，即无风险利率，$R_{M,t}$是 t 月的市场组合月收益率，SMB_t

是小公司组合与大公司组合的股票平均收益率之差，HML_t 是高净值市值比组合与低净值市值比组合的股票平均收益率之差。Fama 和 French（1993）对三因素模型的实证检验表明，三个股票市场风险因素对所有的股票组合收益的变化具有较强的解释能力，三个风险因素的系数几乎都是正值，并十分显著。

三因素模型提出之后，在学术界产生了巨大的反响，并得到了广泛的应用，但是它也有一定的局限性，例如三因素模型对收益动能缺乏解释能力。因此，Carhart（1997）使用 1962—1993 年的共同基金作为样本，在 Fama - French 三因素模型中加入了动量因素，形成了四因素模型来分析基金的业绩情况。他根据收益率的高低将基金分成 10 组，发现短期内基金业绩具有持续性，而这种持续性是由于股票动量的影响。

五　期权定价模型

1973 年 5 月，Black 和 Scholes 在经典论文《期权和公司债务定价》（The Pricing of Options and Corporate Liabilities）中提出了著名的 Black - Scholes 期权定价模型，这成为金融衍生品市场的重大突破。该模型将期权价格与无风险套利策略联系起来，认为标的物的价格不仅反映了市场对未来的预测，还反映了期权的风险，因此研究期权定价首先要合理表示标的物价格的运动规律。模型假设主要包括：

（1）市场无风险利率是一个常数，投资者在借贷资金时可以使用无风险利率；

（2）在期权的生命期内，标的物是没有股利分配的；

（3）Black - Scholes 期权定价模型是为欧式期权定价；

（4）市场是无摩擦的，即没有交易费用和税收成本；

（5）标的物可以无限细分，自由进行买卖；

（6）期权和标的物都没有卖空限制，也就是说没有卖空成本；如果卖方不持有证券只能接受买方的价格，并按照约定在将来支付给买方；

（7）股票价格的连续变化遵循几何布朗运动，并且带有漂移，在数学上表现为伊藤（Ito）过程：

$$dS = \mu S dt + \sigma S dZ \tag{4-13}$$

$$dZ = c\sqrt{dt} \tag{4-14}$$

其中，dZ 是一个维纳（*Wiener*）过程，c 是标准正态分布中抽取的随机值。股票价格服从对数正态分布，股票收益率的期望 μ 和波动率 σ 为常数。

设期权价格函数为 $f(S, t)$，作一个期权的空头，价值为 $-f$；$\frac{\partial f}{\partial S}$份标的股票，价值为$\frac{\partial f}{\partial S}S$，组合的总价值为：

$$\pi = -f + \frac{\partial f}{\partial S}S \tag{4-15}$$

且 $$\Delta\pi = -\Delta f + \frac{\partial f}{\partial S}\Delta S \tag{4-16}$$

用随机微分展开 Δf，$$\Delta f = \frac{\partial f}{\partial S}\Delta S + \frac{1}{2}\frac{\partial^2 f}{\partial S^2}\sigma^2 S^2 \Delta t + \frac{\partial f}{\partial t}\Delta t \tag{4-17}$$

由式(4-16)和式(4-17)得：$$\Delta\pi = -\left(\frac{\partial f}{\partial t} + \frac{1}{2}\frac{\partial^2 f}{\partial S^2}\sigma^2 S^2\right)\Delta t \tag{4-18}$$

式中不含 μ，说明组合头寸的价值与投资者的预期收益无关，也不含 dZ，说明价格变动的风险已被消除。根据风险中性定价原则，其收益应等于无风险利率：

$$\frac{\Delta\pi}{\pi} = r\Delta t \tag{4-19}$$

将式（4-14）和式（4-17）代入式（4-18），可以得到布莱克—斯科尔斯偏微分方程：

$$\frac{\partial f}{\partial t} + rS\frac{\partial f}{\partial S} + \frac{1}{2}\frac{\partial^2 f}{\partial S^2}\sigma^2 S^2 = rf \tag{4-20}$$

边界条件：对看涨期权，当 $t = T$ 时，$f = \max(S - X, 0)$；

对看跌期权，当 $t = T$ 时，$f = \max(X - S, 0)$ （4-21）

其中，X 为期权执行价格，T 为期权到期时间。

解这一微分方程可得：

$$c = SN(d_1) - Xe^{-r(T-t)}N(d_2) \tag{4-22}$$

$$p = Xe^{-r(T-t)}N(-d_2) - SN(-d_1) \tag{4-23}$$

其中，$d_1 = \dfrac{\ln\left(\dfrac{S}{X}\right) + (r + \dfrac{1}{2}\sigma^2)(T-t)}{\sigma\sqrt{T-t}}$ (4-24)

$$d_2 = \frac{\ln\left(\dfrac{S}{X}\right) + \left(r - \dfrac{1}{2}\sigma^2\right)(T-t)}{\sigma\sqrt{T-t}} = d_1 - \sigma\sqrt{T-t} \tag{4-25}$$

N（d）为标准正态分布变量的累计分布函数。其隐含的经济含义为：欧式看涨期权价格等于卖出利率为 r 的无风险证券 $Xe^{-r(T-t)}N$（d_2）份并同时买入时价为 S 的股票 N（d_2）份所构成的投资组合的成本。

Black - Scholes 期权定价模型中所包含的变量都是可以观测到的，股票价格 S、执行价格 X、到期日 T、无风险利率 r 都是已知的，价格波动率 σ 可以通过历史数据估算。Black - Scholes 期权定价模型认为风险中性定价，期权价格与标的物的期望收益无关，因为股票价格中已经包含了投资对股票的期望收益。

第二节 流动性与资产定价模型

经典的资产定价理论都是建立在市场无摩擦之上的，即假设市场是完美的，没有交易费用和税收成本，然而在现实中越来越多的学者发现市场并非是无摩擦的，交易成本处处存在，完全流动的证券市场是不存在的，同一市场在经济发展的不同阶段流动性不同，相同市场中不同的产品流动性也不尽相同。因此传统的资产定价理论在理论上的完美被现实所打破，需要在资本资产定价模型中考虑流动性和交易成本因素。已有大量的学者在这方面做出了很多努力，研究了一些广泛应用的流动性资产定价模型，在这一节我们介绍 Amihud - Mendelson 流动性溢价模型、Jacoby - Fowler - Gottesman 流动性调整模型和 Acharya - Pedersen 流动性风险模型。

一　Amihud – Mendelson 流动性溢价模型

Amihud 和 Mendelson（1986）第一次研究了资产定价的流动性效应，他们认为流动性可以用交易立即执行的成本来衡量，也就是用买卖价差来衡量，他们建立模型衡量了资产收益率中的价差效应，发现投资者的持有期越长，买卖价差越高，产生的预期收益率也越高。下面分别就模型的计算过程、主要结论和模型的局限性进行分析。

（一）模型的计算过程

假设用 i 表示投资者，投资者共有 M 种不同类型，即 $i=1, 2, \cdots, M$，用 j 表示资产，资产共有 $N+1$ 种不同类型，即 $j=0, 1, 2, \cdots, N$。每种资产单位时间内产生的永久现金流为 $d_j(d_j>0)$，用相对价差代表交易成本的大小，用 S_j 表示。当 $j=0$ 时，$S_0=0$，即 0 资产的买卖价差为零，它的供给量是无限的；当 $j\neq0$ 时，资产的价差都是正值，供给量为 1 单位，并且资产是可以无限分割的。市场交易由竞争性做市商的买卖报价来完成，资产 j 的卖出报价为 V_j，卖出报价向量表示为$(V_0, V_1, \cdots, V_N)$；买入报价为 $V_j(1-S_j)$，买入报价向量表示为$[V_0, V_1(1-S_1), \cdots, V_N(1-S_N)]$。

假设投资者 i 共持有财富 W_i 进入市场，他以做市商的卖出报价买入资产，再以做市商的买入报价将资产出售，并离开市场。他持有的资产是随机的，持有时间 T_i 服从指数分布，均值为 $E[T_i]=\frac{1}{\mu_i}$。将投资者按照递增的预期持有期排序为 $\mu_1^{-1}\leqslant\mu_2^{-1}\leqslant\cdots\leqslant\mu_M^{-1}$，资产按照递增的相对价差排序为 $0=S_0\leqslant S_1\leqslant\cdots\leqslant S_N<1$。并假设投资者 i 到达市场的时间服从速率为 λ_i 的泊松过程，间隔时间和持有期是随机独立的。假设市场中买方和卖方的报价是给定的，投资者 i 的目标是在计划期内实现预期贴现净现金流的最大化，投资者持有投资组合的预期现值是连续现金流在持有期间的预期贴现价值与预期贴现清算收入之和。用公式表示为：

$$E_{T_i}\left\{\int_0^{T_i}e^{-\rho y}\left[\sum_{j=0}^{N}x_{ij}d_j\right]dy\right\}+E_{T_i}\left\{e^{-\rho T_i}\sum_{j=0}^{N}x_{ij}V_j(1-S_j)\right\}$$

$$= (\mu_i + \rho)^{-1} \sum_{j=0}^{N} x_{ij} [d_j + \mu_i V_j (1 - S_j)] \quad (4-26)$$

其中，贴现率 ρ 是零价差资产的风险调整收益率，x_{ij} 是投资者 i 持有资产 j 的数量，投资组合 i 的向量表示为(x_{ij}，$j=0$，1，2，…，N)。对于给定的买卖价格，投资者 i 的投资决策为：

$$\max \sum_{j=0}^{N} x_{ij} [d_j + \mu_i V_j (1 - S_j)] \quad (4-27)$$

$$s.t. \begin{cases} \sum_{j=0}^{N} x_{ij} V_j \leqslant W_i \\ x_{ij} \geqslant 0 \end{cases} \quad j = 0,1,2,\cdots,N \quad (4-28)$$

W_i 为投资者进入市场时持有的财富总量，约束条件体现了财富约束和投资者的卖空限制。在模型设定下，市场出清条件为：

$$\sum_{i=1}^{M} m_i x_{ij} = 1 \quad j = 0,1,2,\cdots,N \quad (4-29)$$

m_i 是投资者 i 在市场中的数目的期望值，式(4－27)和式(4－28)的最优化问题可以由 $X^*_{M\times(N+1)}$ 和 V^*_{N+1} 来解决，$X^*_{M\times(N+1)}$ 是一个 $M\times(N+1)$ 阶矩阵，叫作平衡分配矩阵(equilibrium allocation matrix)，V^*_{N+1} 是一个 $(N+1)$ 维向量，叫作平衡卖价向量(equilibrium ask price vector)。因此平衡买价向量为[V_0^*，$V_1^*(1-S_1)$，…，$V_N^*(1-S_N)$]。

对于资产 j，投资者 i 要求的预期价差调整收益率为单位时间内总的市场收益率和预期流动性成本之差。

$$r_{ij} = \frac{d_j}{V_j} - \mu_i S_j \quad (4-30)$$

其中，$\frac{d_j}{V_j}$ 是资产 j 的总收益率（gross return），$\mu_i S_j$ 是价差调整项，为单位时间内的期望流动性成本，它的计算是用单位时间内的流动性概率和价差百分比相乘。因此价差调整收益既取决于资产类型 j，也依赖投资者类型 i（通过预期持有期）。

对于给定的价格向量 V，投资者会选择最高价差调整收益的资产 j 作为投资组合中的一部分：

$$r_i^* = \max_{j=1,2,\cdots,N} r_{ij} \tag{4-31}$$

对于所有的资产 j 来说，r_{ij} 都是 i 的非递减函数，所以：$r_1^* \leqslant r_2^* \leqslant r_3^* \leqslant \cdots \leqslant r_M^*$，这表示，一个投资组合的价差调整收益随预期持有期间的增加而增加，投资的预期持有期间越长，获得的交易成本净收益越高。

投资者 i 在资产 j 上要求的总收益率为 $r_i^* + \mu_i S_j$，这既反映了投资者要求的价差调整收益 r_i^*，也反映了预期流动性成本 $\mu_i S_j$。资产 j 的均衡市场总收益应该由它最高的估计值所决定，也就是投资组合 i 最小的要求收益率，表示为：

$$\frac{d_j}{V_j^*} = \min_{i=1,2,\cdots,M} \{ r_i^* + \mu_i S_j \} \tag{4-32}$$

也可以写为：$V_j^* = \max_{i=1,2,\cdots,M} \left\{ \frac{d_j}{r_i^* + \mu_i S_j} \right\}$ (4-33)

该式的含义为，资产 j 的均衡价值 V_j^* 等于永久现金流的现值，这个现值是以总收益率（$r_i^* + \mu_i S_j$）贴现的，V_j^* 可以表示为永久现金流 d_j 的现值与资产 j 预期交易成本现值之差，两者都以持有投资者的价差调整收益率折现。假设投资者 i 持有可用资产 j，因此：

$$V_j^* = \frac{d_j}{r_i^*} - \frac{\mu_i V_j^* S_j}{r_i^*} \tag{4-34}$$

式（4-34）右边第一项是永久现金流的现值，第二项是投资者 i 单位时间内卖出资产 j 的预期数量，用 μ_i 表示，每一次卖出引起的交易成本为 $V_j^* S_j$，因此 $\frac{\mu_i V_j^* S_j}{r_i^*}$ 是交易成本现金流的预期现值（按照 r_i^* 贴现）。

（二）主要结论

根据模型所体现的收益率、价差和持有期的关系可以得出的结论有：

（1）客户效应（clientele effect）：高价差资产在均衡中被分配给预期持有期相同或较长的投资组合中。

（2）价差收益效应（spread - return relationship）：当市场处于均衡状态时，可观测的市场总收益率是相对价差的递增的凹函数，并且是分段线性函数。

从直观上看，模型的主要含义体现在价差收益效应中，投资者付出交易成本所要求的补偿也体现在收益率和价差之间的正相关关系中，客户效应造成了二者之间的凹函数关系。通常情况下交易成本按照投资者的持有期进行分摊，持有期时间越长，价差的特定增长所要求的补偿越小。由于在均衡状态时，投资者要求持有高价差证券的时间更长，价差的特定增长要求的额外收益变小。就模型而言，投资组合的持有期越长，资产的价差越大，并且价差和收益之间的关系斜率 μ_i 越小。

（三）模型的局限性

Amihud 和 Mendelson（1986）研究了证券的买卖价差对收益率的影响，构建了一个市场环境，市场中理性投资者的预期持有期不同，资产的价差也不同。当市场处于均衡状态时有以下特点：①市场平均收益率是价差的递增函数；②持有者的资产收益率和交易成本净值随着价差增大而增加；③客户效应的存在导致高价差股票被长期投资者持有；④由于客户效应，高价差股票收益率对于价差的敏感性较弱，从而引起收益率和价差之间呈现凹性关系。

由于投资者对高价差股票要求的收益率也比较高，这会刺激公司增加证券的流动性，从而减少资本的机会成本。尤其是一些现象如公开上市（相对于私募）、证券的标准化契约形式、有限责任、交易所上市和信息公开发布都是提高流动性的投资方式。非常有意义的是检验可观测到的公司财务政策在多大程度上可以被流动性增加所解释。这可以在证券市场微观结构和公司财务政策之间建立联系，并形成了一个合适的未来的研究方向。

这说明要建立反映收益率和价差关系的综合模型需要考虑公司的供给反应。公司要进行供给调整，投入成本来增加证券的流动性，而不是把价差作为外生变量。在均衡状态，流动性改进带来的价值的边际增加等于付出的边际成本。因此，公司通过买卖价差和风险调整收益体现影响流动性的能力。

但是，Amihud 和 Mendelson（1986）模型是有局限性的：第一，模型只考虑流动性因素，但没有区分边际流动性和整体流动性，对于流动性不确定性与持有期不确定性二者之间的关系也没有探讨；第二，模型中所有的资产都在投资者持有期结束时变现，因此对于每一项资产，没有考虑其可能持有期的分散程度，也没有区分按照资产自身流动性和投资组合中流动性来考虑；第三，在一个更加综合的模型中，每一个投资者都要面对随机时点上发生的一系列随机现金需求。投资者应该确定每种证券在每一个时点上能够变现的数量。在这样的环境中，投资组合可能包括高价差资产也包括低价差资产，它们的比例既体现变现总量的分布，也表现变现时间的分散情况。

在未来的研究当中，应该关注整体流动性和边际流动性的关系，流动性和风险的相互关系，以及区分资产自身流动性和资产在投资组合中的流动性边际效应。

二　Jacoby - Fowler - Gottesman 流动性调整模型

在 CAPM 模型的基础上，Jacoby 等（2000）提出了流动性调整模型，他们认为系统性风险的测量需要使用净收益率，净收益率是考虑了买卖价差影响之后的收益率，他们进一步检验了预期收益率和未来价差成本之间的关系，发现二者之间是正相关凸函数关系。

（一）模型设定

流动性调整模型保留了传统 CAPM 的经典假设，并在此基础上加入了关于流动性测量的假设条件，具体如下：

（1）假设模型是单期范围，未来的买卖差价是不可预测的；

（2）在测量证券的系统性风险时，使用的是价差调整后收益率；

（3）由于不同资产的变现能力（market ability）不同，即流动性水平不同，因此需要用相对价差来测量流动性成本；

（4）由于资产的变现能力是随时间不断变化的，因此期末的买卖价差是一个随机变量；

（5）投资者对于期末价差的预期相同，他们都是价格的接受者，不能影响流动性变化；

（6）无风险资产的流动性成本为零；

（7）在竞争的市场中，规避风险的做市商是通过买卖价差来获取服务报酬的；

（8）价差调整后的资产收益率服从联合正态分布，即对于所有的投资者和做市商来说，有二次效用函数。

基于假设条件，投资者进行投资组合选择问题可以表述为：

$$\max_{B,V_j}\{E[\mu_i(\widetilde{Y}_i)]\} \tag{4-35}$$

$$s.t.\quad W_i = B + \sum_{j=1}^{N} V_j(1 + S_j) \tag{4-36}$$

$$\widetilde{Y}_i = R_f B + \sum_{j=1}^{N} V_j \widetilde{R}_j(1 - \widetilde{S}_j) \tag{4-37}$$

模型中各参数代表的含义如下：

μ_i——投资者 i 的效用函数，$i=1, 2, \cdots, I$，$\mu'_i(\cdot)>0$，$\mu''_i(\cdot)<0$（风险厌恶）；

W_i——期初投资者 i 持有的财富数量；

$\widetilde{Y}_i$——期末投资者 i 持有的财富数量；

B——无风险资产的投资总额（以美元计）；

V_j——风险资产 j 的投资总额，$j=1, 2, \cdots, N$（以美元计）；

$\widetilde{R}_j$——风险资产 j 的收益（1 + 收益率）（不包括流动性成本这一随机变量）；

R_f——无风险资产的收益（1 + 收益率）；

S_j——资产 j 进行交易付出的流动性成本，$S_j = \dfrac{a_j - P_j}{P_j} = \dfrac{P_j - b_j}{P_j}$

其中，

a_j——证券 j 的卖出报价；

b_j——证券 j 的买入报价；

P_j——中间价，$P_j = \dfrac{a_j + b_j}{2}$；

$\widetilde{S}_j$——交易资产 j 期末流动性成本（随机变量）。

约束条件式(4-36)和式(4-37)分别表示投资者的预算约束和

投资者的期末财富，式(4－36)右端第二项是投资在风险资产的资金总量，其中包括价差成本，投资者的期末财富是无风险资产收益与不包括流动性成本的风险组合净收益之和。在这里投资者既可以持有一项资产，也可以卖空一项资产，如果投资者卖空资产，则有 $V_j<0$，$S_j<0$ 和 $\widetilde{S}_j<0$。

将约束条件代入式(4－35)，则有：

$$\max_{V_j}\{E[\mu_i(R_f[W_i-\sum_{j=1}^{N}V_j(1+S_j)]+\sum_{j=1}^{N}V_j\widetilde{R}_j(1-\widetilde{S}_j))]\} \tag{4-38}$$

式(4－38)的一阶条件为：

$$E[u'_i(\cdot)(-R_f(1+S_j)+\widetilde{R}_j(1-\widetilde{S}_j))]=0$$

可以写为：

$$E[u'_i(\cdot)]E[\widetilde{R}_j(1-\widetilde{S}_j)-R_f(1+S_j)]+\mathrm{cov}(u'_i(\cdot),\ \widetilde{R}_j(1-\widetilde{S}_j))=0 \tag{4-39}$$

由于不包括价差成本的净收益服从联合正态分布，所以，

$$E[u'_i(\cdot)]E[\widetilde{R}_j(1-\widetilde{S}_j)-R_f(1+S_j)]+E[\mu''_i(\cdot)]\mathrm{cov}(\widetilde{Y}_i,\ \widetilde{R}_j(1-\widetilde{S}_j))=0 \tag{4-40}$$

对投资者 i，令 $\theta_i=\dfrac{-E[u'_i(\cdot)]}{E[u''_i(\cdot)]}$，因此，

$$\theta_i E[\widetilde{R}_j(1-\widetilde{S}_j)-R_f(1+S_j)]=\mathrm{cov}[\widetilde{Y}_i,\ \widetilde{R}_j(1-\widetilde{S}_j)] \tag{4-41}$$

令 $\theta=\sum_{i=1}^{I}\theta_i$ 和 $\widetilde{Y}=\sum_{i=1}^{I}\widetilde{Y}_i$，式(4－41)对所有投资者求和：

$$\theta E[\widetilde{R}_j(1-\widetilde{S}_j)-R_f(1+S_j)]=\mathrm{cov}[\widetilde{Y},\ \widetilde{R}_j(1-\widetilde{S}_j)] \tag{4-42}$$

对市场组合定义式(4－42)，得到：

$$\theta E[\sum_j(\widetilde{R}_j(1-\widetilde{S}_j)\omega_j)-R_f(1+S_m)]=\mathrm{cov}[\widetilde{Y},\ \sum_j(\widetilde{R}_j(1-\widetilde{S}_j)\omega_j)] \tag{4-43}$$

其中，$S_m=\sum_j S_j\omega_j$，ω_j 是资产 j 在市场投资组合中的权重。考虑将 $\sum_j(\widetilde{R}_j(1-\widetilde{S}_j)\omega_j)$ 写为 $\widetilde{R}_m-\sum_j\widetilde{R}_j\widetilde{S}_j\omega_j$，其中，$\widetilde{R}_m=\sum_j\widetilde{R}_j\omega_j$。并且，

$$\sum_j \tilde{R}_j \tilde{S}_j \omega_j = \sum_j \frac{\tilde{P}_j}{P_j}\tilde{S}_j \frac{P_j}{\sum_j P_j} = \frac{\sum_j \tilde{a}_j - \tilde{P}_j}{\sum_j P_j} \equiv \tilde{C}_m$$

$\tilde{C}_m$ 是期末流动性成本的总金额，是相对于市场投资组合的价值。式（4－43）可以重写为：

$$\theta E[(\tilde{R}_m - \tilde{C}_m) - R_f(1+S_m)] = \operatorname{cov}[\tilde{Y}, (\tilde{R}_m - \tilde{C}_m)] \quad (4-44)$$

式(4－42)与式(4－44)相除，并且$\tilde{Y}$在$(\tilde{R}_m - \tilde{C}_m)$中是线性的：

$$\frac{\theta E[\tilde{R}_j(1-\tilde{S}_j) - R_f(1+S_j)]}{\theta E[(\tilde{R}_m - \tilde{C}_m) - R_f(1+S_m)]} = \frac{\operatorname{cov}[\tilde{Y}, \tilde{R}_j(1-\tilde{S}_j)]}{\operatorname{cov}[\tilde{Y}, (\tilde{R}_m - \tilde{C}_m)]}$$

$$= \frac{\operatorname{cov}[(\tilde{R}_m - \tilde{C}_m), \tilde{R}_j(1-\tilde{S}_j)]}{\operatorname{var}(\tilde{R}_m - \tilde{C}_m)}$$

重新整理，得到价差调整后的预期净收益率：

$$E\left[\tilde{R}_j \frac{(1-\tilde{S}_j)}{(1+S_j)}\right] = R_f + \frac{\operatorname{cov}[(\tilde{R}_m - \tilde{C}_m), \tilde{R}_j(1-\tilde{S}_j)]}{\operatorname{var}(\tilde{R}_m - \tilde{C}_m)}$$

$$E[(\tilde{R}_m - \tilde{C}_m) - R_f(1+S_m)] \text{或}$$

$$E\left[\tilde{R}_j \frac{(1-\tilde{S}_j)}{(1+S_j)}\right] = R_f + \frac{\operatorname{cov}\left(\frac{(\tilde{R}_m - \tilde{C}_m)}{(1+S_m)}, \tilde{R}_j \frac{(1-\tilde{S}_j)}{(1+S_j)}\right)}{\operatorname{var}\left(\frac{(\tilde{R}_m - \tilde{C}_m)}{(1+S_m)}\right)}$$

$$\times E\left\{\left[\frac{(\tilde{R}_m - \tilde{C}_m)}{(1+S_m)}\right] - R_f\right\} \quad (4-45)$$

这说明资产 j 的预期净收益（价差调整后）的计算是将资产 j 的系统性风险与净市场风险溢价（价差调整后）相乘，再加上无风险收益。注意在期末价差比率不是已知的，投资者承受价差水平不利变化的额外风险，因此投资者在测量系统性风险时，是基于净收益（价差调整后），而不是传统的 β（价差调整前）。

令，$E\left[\tilde{R}_j \frac{(1-\tilde{S}_j)}{(1+S_j)}\right] \equiv E[\tilde{R}_j^*]$，$E\left[\frac{(\tilde{R}_m - \tilde{C}_m)}{(1+S_m)}\right] \equiv E[\tilde{R}_m^*]$，

$$\frac{\operatorname{cov}\left(\frac{(\tilde{R}_m - \tilde{C}_m)}{(1+S_m)}, \tilde{R}_j \frac{(1-\tilde{S}_j)}{(1+S_j)}\right)}{\operatorname{var}\left(\frac{(\tilde{R}_m - \tilde{C}_m)}{(1+S_m)}\right)} \equiv \beta_j^*$$

式（4－45）可以写为：$E[\widetilde{R}_j^*]=R_f+\beta_j^*[E[\widetilde{R}_m^*]-R_f]$ （4－46）

传统的资本资产定价模型为：$E[\widetilde{R}_j]=R_f+\beta_j[E[\widetilde{R}_m]-R_f]$

（4－47）

其中，$\beta_j=\frac{\text{cov}(\widetilde{R}_m,\ \widetilde{R}_j)}{\text{var}(\widetilde{R}_m)}$

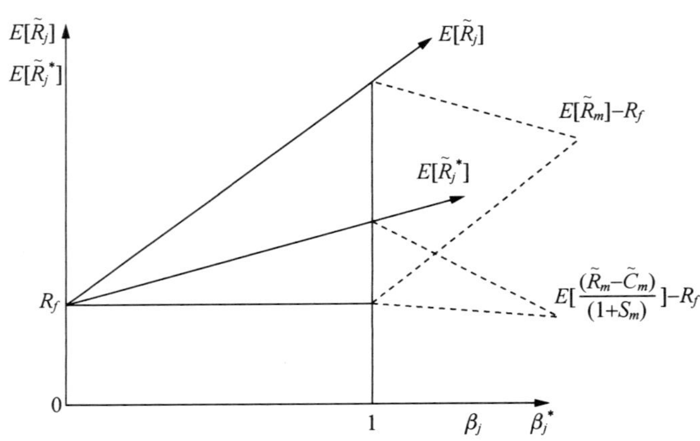

图 4－4　流动性调整模型与传统资本资产定价模型的比较

图 4－4 刻画了两个模型当中预期收益和系统性风险衡量之间的关系。在两个模型中，由于都假定无风险资产的价差为零，因此都是以无风险收益作为方程的截距项。两个模型的斜率不同，比较二者的单位系统性风险溢价，改进后的模型要低于传统的 CAPM 模型。两模型的斜率之差为正值，这是因为 $E[\widetilde{R}_m]>E[\widetilde{R}_m^*]$。式（4－45）用预期总收益（价差调整前）可表示为：

$$E[\widetilde{R}_j]=\left\{R_f\frac{(1+S_j)}{(1-E[\widetilde{S}_j])}+\frac{\text{cov}(\widetilde{R}_j,\ \widetilde{S}_j)}{(1-E[\widetilde{S}_j])}\right\}+\beta_j^*\frac{(1+S_j)}{(1-E[\widetilde{S}_j])}\left\{E\left[\frac{(\widetilde{R}_m-\widetilde{C}_m)}{(1+S_m)}\right]-R_f\right\} \quad (4-48)$$

在这一时点上，为了便于比较静态分析，假定 $\sum_j\widetilde{a}_j-\widetilde{P}_j$ 是鞅，所以有：

$$E[\widetilde{C}_m]=\frac{E[\sum_j \widetilde{a}_j-\widetilde{P}_j]}{\sum_j P_j}=\frac{\sum_j a_j-P_j}{\sum_j P_j}=\sum_j S_j\frac{P_j}{\sum_j P_j}=\sum_j S_j\omega_j=S_m$$

这个假设是合理的，这是因为平均来看，市场价差不会像预期的那样在一个期间间隔发生变化。鞅假设也可以应用在市场价值较大的公司证券，这些证券的流动性通常比较好，平均来看它们的价差比较稳定，其他证券由于包括了流动性较差的资产，它们的预期价差不是稳定不变的。因此，我们假设这些证券的价差服从下鞅或上鞅，市场组合的整个期末价差之和 $\sum_j \widetilde{a}_j-\widetilde{P}_j$ 服从鞅过程。

这个鞅假设说明单个证券预期期末价差比率的变化对于市场组合的预期期末价差成本影响不大,用公式表示，即 $\partial E[\widetilde{C}_n]/\partial E[\widetilde{S}_j]=0$。这使得我们发现资产预期总收益对预期期末价差求导，一阶导数、二阶导数都是正值。因此可以得出结论，预期总收益随着预期价差比率的增大而递增，并且二者是凸函数关系。

（二）模型的含义

J－F－G 流动性调整模型与 A－M 流动性溢价模型不同之处在于：A－M 模型认为预期总收益是价差递增的凹函数，交易频繁的证券在将来的交易量可能更多；J－F－G 流动性调整模型假设模型是单期的，所有的证券都在整个期间被持有，无论流动性好与差，都不能使得交易更加频繁，因此排除了客户效用和凹性。但是 J－F－G 模型也突出了 A－M 模型所忽视的两个问题：

第一，模型证明的凸性为高价差证券所持有。当预期期末价差接近 1（100%），投资者会在做多这项资产之前要求预期总收益的无限补偿，这说明预期收益会逐渐增长并无限接近垂直线 $E[\widetilde{S}_j]=1$，对于高价差水平的预期收益，它一定是凸函数（如图 4－5 所示）。这种效应称为“水平效应”。以上的结论表明，J－F－G 模型与 A－M 模型产生了两种相反的效应，而 Brennan 和 Subrahmanyam（1996）的结论确认了上述理论结果，他们认为投资者会要求正的收益溢价来补偿流动性成本，他们将估计的交易成本分解为可变成本和固定成本，可变成本与收益溢价之间呈现凹函数关系，与A－M

模型的客户效应一致；固定成本和收益溢价之间呈现凸函数关系，与水平效应一致，并且固定成本和相对价差的相关度很高（相关系数为0.78）。

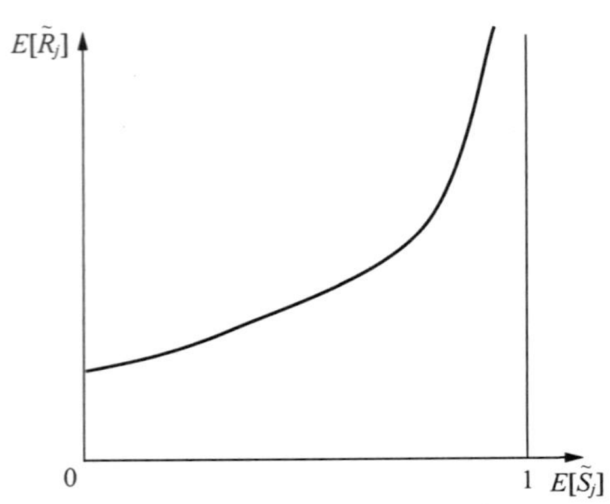

图4-5　预期总收益与预期未来价差的关系

第二，模型突出的第二个因素是价差调整后的β。按照前面论证的，测量系统性风险必须说明证券价差比率水平可能发生的反向变化。Brennan和Subrahmanyam（1996）的结论认为价差比率与超额收益是负相关关系。他们认为价差比率代表的风险导致这种违反直觉的结果，然而这种风险并不能被他们使用的调整风险的Fama-French三因素模型所解释。上述模型表明，β和价差测量的流动性是密切相关的。因此，进行风险调整时，资产系统性风险受到价差比率不确定性的影响是不能忽视的，这和Brennan和Subrahmanyam（1996）的违反直觉的结果相一致。

三　Acharya-Pedersen流动性风险模型

很多学者在研究资产定价时考虑了交易成本是市场摩擦因素，但是他们所认为的交易成本都是确定的，事实上由于对单个投资者和整个市场的流动性测量方法存在差别，因此投资者面临着流动性的不确定性，在资产定价过程中流动性起到了什么作用。为了解决这些问题，Acharya和Pedersen（2005）建立了一个流动性调整的资产定价模型（liquidity - adjusted CAPM），解释了单个证券或整个市场流动性风险变化对价格产生的效应。

（一）模型假设

假设模型处在一个简单的世代交叠经济中，在任何时点 t（$t \in \{\cdots, -2, -1, 0, 1, 2, \cdots\}$）都可以产生新一代的经济主体。① 第 t 代包括 N 个个体，标记为 n，个体生活在 t 和 $t+1$ 两个期间。第 t 代的个体 n 在时间 t 只有一个禀赋，而没有其他的收入来源，他们在 t 期到 $t+1$ 期进行交易，并在 $t+1$ 期通过消费获得效用。他们有固定的绝对风险厌恶系数 A^n，因此可以用预期效用函数 $-E_t\exp(-A^n x_{t+1})$ 表示他们的偏好，x_{t+1} 是在 $t+1$ 时间的消费。

市场上的 I 只证券用 $i=1, 2, \cdots, I$ 来标记，证券 i 的股份总数为 S^i 股。在 t 时点，分别用 D_t^i 和 P_t^i 代表证券 i 支付的股利和除息前股份价格，是随机变量，C_t^i 代表非流动性成本，是卖出证券 i 的每股成本。因此，不允许投资者进行卖空交易，允许投资者在 P_t^i 价格买进，但是必须在 $P_t^i - C_t^i$ 价格卖出。流动性成本的不确定性产生了流动性风险，假设 D_t^i 和 C_t^i 服从 AR（1）过程，即：

$$D_t = \overline{D} + \gamma(D_{t-1} - \overline{D}) + \varepsilon_t \tag{4-49}$$

$$C_t = \overline{C} + \gamma(C_{t-1} - \overline{C}) + \eta_t \tag{4-50}$$

$\overline{D}, \overline{C} \in R_+^I$，是正实数向量，$\gamma \in [0,1]$，$(\varepsilon_t, \eta_t)$ 是独立同分布的正态过程，服从 $E(\varepsilon_t) = 0$，$E(\eta_t) = 0$，方差—协方差矩阵 $\mathrm{var}(\varepsilon_t) = \sum^D$，$\mathrm{var}(\eta_t) = \sum^C$，$E(\varepsilon_t \eta_t^T) = \sum^{CD}$。

假设经济个体可以按照外生的无风险利率（$r^f > 1$）借入和贷出资金，这可以解释为一个没有弹性的债券市场或一项可用的生产技术在 t 时产生一单位消费，在 $t+1$ 时产生 r^f 单位的消费。从狭义上来说，流动性成本 C_t^i 和外生交易成本一致，主要指佣金和买卖价差，从广义上来说，流动性成本可以代表交易延迟产生的成本和完

① Paul A. Samuelson, "An Exact Consumption - Loan Model of Interest with or without the Social Contrivance of Money", *Journal of Political Economy*, University of Chicago Press, Vol. 66, 1958, p. 467.

成交易的搜寻成本。A－P模型不同于以往研究的创新之处在于假定成本是随时间变化的。

（二）模型推导过程

这部分主要解释CAPM流动性调整模型是如何推导出来的，以及它在资产定价中的作用。首先定义资产的预期收益：

$$r_t^i = \frac{D_t^i + P_t^i}{P_{t-1}^i} \tag{4-51}$$

预期收益依赖的相对非流动性成本 c_t^i、市场收益 r_t^M、相对市场非流动性 c_t^M 分别为：

$$c_t^i = \frac{C_t^i}{P_{t-1}^i} \tag{4-52}$$

$$r_t^M = \frac{\sum_i S^i (D_t^i + P_t^i)}{\sum_i S^i P_{t-1}^i} \tag{4-53}$$

$$c_t^M = \frac{\sum_i S^i C_t^i}{\sum_i S^i P_{t-1}^i} \tag{4-54}$$

假定在 $t+1$ 时的价格是以 t 时信息为条件的正态分布，解决在 t 时任意投资者 n 的投资问题就是选择最优化的股份数量 $y^n = (y^{n,1}, \cdots, y^{n,I})$，使得：

$$\max_{y^n \in R_+^I} \left(E_t(W_{t+1}^n) - \frac{1}{2} A^n \mathrm{var}_t(W_{t+1}^n) \right) \tag{4-55}$$

其中，$W_{t+1}^n = (P_{t+1} + D_{t+1} - C_{t+1})^T y^n + r^f (e_t^n - P_t^T y^n)$ 是投资者 n 在 $t+1$ 时持有的财富总额，e_t^n 是投资者的禀赋。如果忽略卖空约束，解决式（4－55）最优化问题的解是：

$$y^n = \frac{1}{A^n} [\mathrm{var}_t(P_{t+1} + D_{t+1} - C_{t+1})]^{-1} [E_t(P_{t+1} + D_{t+1} - C_{t+1}) - r^f P_t] \tag{4-56}$$

可以证明当处于均衡状态时，这个解不包括卖空的情况。在均衡状态，$\sum_n y^n = S, S = (S^1, \cdots, S^I)$ 是股份的总供应量，这说明均衡条件是：

$$P_t = \frac{1}{r^f}[E_t(P_{t+1} + D_{t+1} - C_{t+1}) - A\text{var}_t(P_{t+1} + D_{t+1} - C_{t+1})S] \tag{4-57}$$

其中，$A = (\sum_n \frac{1}{A^n})^{-1}$，唯一的固定线性均衡为：

$$P_t = \gamma + \frac{\rho^D}{r^f - \rho^D}D_t - \frac{\rho^C}{r^f - \rho^C}C_t \tag{4-58}$$

其中，

$$\gamma = \frac{1}{r^f - 1}\begin{pmatrix} \frac{r^f(1-\rho^D)}{r^f - \rho^D}\overline{D} - \frac{r^f(1-\rho^C)}{r^f - \rho^C}\overline{C} \\ -A\text{var}\left[\frac{r^f}{r^f - \rho^D}\varepsilon_t - \frac{r^f}{r^f - \rho^C}\eta_t\right]S \end{pmatrix} \tag{4-59}$$

在这个价格下，条件预期净收益是正态分布的，任何投资者 n 都持有市场组合的一部分，市场组合为 $S>0$，持有的部分为$\frac{A}{A^n}>0$，并且投资者没有对任何证券进行卖空交易。

由于投资者是基于均值—方差偏好的，条件 CAPM 适用于净收益，按照净收益的形式重写结果为：

$$E_t(r_{t+1}^i - c_{t+1}^i) = r^f + \lambda_t \frac{\text{cov}_t(r_{t+1}^i - c_{t+1}^i,\ r_{t+1}^M - c_{t+1}^M)}{\text{var}_t(r_{t+1}^M - c_{t+1}^M)} \tag{4-60}$$

其中，$\lambda_t = E_t(r_{t+1}^M - c_{t+1}^M - r^f)$是风险溢价。同样，条件预期总收益为：

$$E_t(r_{t+1}^i) = r^f + E_t(c_{t+1}^i) + \lambda_t \frac{\text{cov}_t(r_{t+1}^i,\ r_{t+1}^M)}{\text{var}_t(r_{t+1}^M - c_{t+1}^M)} + \lambda_t \frac{\text{cov}_t(c_{t+1}^i,\ c_{t+1}^M)}{\text{var}_t(r_{t+1}^M - c_{t+1}^M)} - \lambda_t \frac{\text{cov}_t(r_{t+1}^i,\ c_{t+1}^M)}{\text{var}_t(r_{t+1}^M - c_{t+1}^M)} - \lambda_t \frac{\text{cov}_t(c_{t+1}^i,\ r_{t+1}^M)}{\text{var}_t(r_{t+1}^M - c_{t+1}^M)} \tag{4-61}$$

令　$$\beta_1 = \frac{\text{cov}_t(r_{t+1}^i,\ r_{t+1}^M)}{\text{var}_t(r_{t+1}^M - c_{t+1}^M)} \quad \beta_2 = \frac{\text{cov}_t(c_{t+1}^i,\ c_{t+1}^M)}{\text{var}_t(r_{t+1}^M - c_{t+1}^M)}$$

$$\beta_3 = \frac{\text{cov}_t(r_{t+1}^i,\ c_{t+1}^M)}{\text{var}_t(r_{t+1}^M - c_{t+1}^M)} \quad \beta_4 = \frac{\text{cov}_t(c_{t+1}^i,\ r_{t+1}^M)}{\text{var}_t(r_{t+1}^M - c_{t+1}^M)}$$

则式(4－61)可以写为：

$$E_t(r_{t+1}^i)=r^f+E_t(c_{t+1}^i)+\lambda_t\beta_1+\lambda_t\beta_2-\lambda_t\beta_3-\lambda_t\beta_4 \tag{4－62}$$

式（4－62）表示要求的超额回报是预期相对流动性成本 $E_t(c_{t+1}^i)$ 加上四个 β（或协方差）乘以风险溢价 λ_t。这四个 β 的大小取决于资产的收益和流动性风险，在这个模型中产生了三个额外的效应，可以认为是流动性风险的三种形式。

（三）三种流动性风险

(1) $cov_t(c_{t+1}^i, c_{t+1}^M)$，第一种流动性风险是证券个体非流动性与市场非流动性之间的协方差，证券的收益率随这个协方差递增。原因是当市场流动性变差，投资者为持有流动性变差的证券要求一定的补偿，这个定价含义的内在实证意义能够得出流动性随时间变化的一个共同因素，这已经被 Chordia 等(2000)、Hasbrouck 和 Seppi (2001)、Huberman 和 Halka(1999)所证实，他们发现大部分证券的非流动性与市场非流动性是正相关关系，因此流动性共性(commonality－in－liquidity)可以增加要求收益，但是这些学者并没有研究流动性共性对资产价格的影响。

在这个模型中，与流动性共性有关的风险溢价是由于非流动性的财富效应所引起的。这种风险溢价可以应用在投资者对卖出证券有自主选择权的经济中，如果投资者持有的证券流动性较差(即成本 C_t^i 较高)，他可以以其他(类似)低成本证券代替进行交易，这种低成本证券通常不和市场流动性协同(co－move)。因此，如果个体证券和市场流动性是正的协方差关系，投资者可以为其要求收益溢价。

(2) $cov_t(r_{t+1}^i, c_{t+1}^M)$，第二种流动性风险是证券收益和市场非流动性的协方差，它对收益率的影响是负的，因为当市场流动性有高收益时，投资者也愿意持有低收益的资产。可以用敏感性来刻画证券收益和市场非流动性之间的关系，投资者为了保持稳定的敏感性，而愿意付出一定的成本。Pastor 和 Stambaugh(2003)提供了支持这种结论的实证证据，他们发现在调整了规模、价值和动量因素对市场的影响之后，市场敏感度高的证券的平均收益率比低敏感度证券每年高出7.5%。Sadka(2002)和Wang(2002)使用了可以替代流动性的变量也得出了和这种效应一致的结论。

(3) $\mathrm{cov}_t(c_{t+1}^i, r_{t+1}^M)$，第三种流动性风险是证券非流动性与市场收益的协方差，它之前的负号表明和收益率是负相关关系。这种效应的产生是由于在下跌的市场中，如果是流动性好的证券，即使预期收益率较低，投资者也愿意持有。当市场处于熊市时，投资持有的财富减少，而变现资产的能力显得尤为重要。因此在市场处于下跌状态，收益率较低的情况下，投资者愿意接受流动性成本较低的证券，而付出一定的风险溢价。

Lynch和Tan(2003)使用了一个局部均衡的框架，将流动性溢价定义为由于预期收益的逐渐减少，使得投资者对是否持有具有交易成本的资产而保持中立。他们发现如果不改变其他情况，当交易成本和财富冲击(wealth shocks)呈现负向共变时，流动性溢价较大，这和证券流动性与市场收益的效应是相一致的。Lynch和Tan(2003)进一步补充了A－P模型的结论，他们准确测度了流动性溢价的大小，即使投资者把持有期看作内生变量，流动性溢价也较大(一刻度为3.55%)。

综上所述，这三个协方差能够代表流动性风险的特点，并且都对证券的预期收益率有一定的影响。流动性调整模型在传统的资产定价模型中加入了流动性因素，丰富了模型的含义，对于流动性也更具有解释能力。

(四)持续流动性的影响

流动性的持续性说明流动性对未来收益有一定的预测能力，并且和同期收益协同。流动性是随时间变化的，并且具有持续性，如果现在有较高的非流动性，可以预测预期非流动性在下期也有较高的水平，从而必要收益也较高。假设投资组合 $q \in R^I$，投资组合的股利标记为 $D_t^q = q^T D_t$，收益 $r_t^q = \dfrac{\sum_i q^i (D_t^i + P_t^i)}{\sum_i q^i P_{t-1}^i}$。

结论1：假设 $\rho^c > 0$，$q \in R^I$ 是投资组合并满足 $E_t(P_{t+1}^q + D_{t+1}^q) >$

$\rho^{C}P_{t}^{q}$，因此条件预期收益和非流动性是正相关关系，即：

$$\frac{\partial}{\partial C_{t}^{q}}E_{t}(r_{t+1}^{q}-r^{f})>0 \tag{4-63}$$①

这个结论是在一个比较宽松的技术条件下成立的，例如对于有正价格的投资组合满足$\frac{E_{t}(P_{t+1}^{q}+D_{t+1}^{q})}{P_{t}^{q}}\geqslant 1$。这表明流动性和同期收益是协同运动，并能预测未来收益。

一些学者的实证研究已经证明了该结论的正确性，Jones（2001）通过实证发现股票市场每年的预期收益与前一年的买卖价差和换手率有关，它随着买卖价差递增，随换手率递减。Amihud（2002）发现非流动性对于市场和规模组合的超额收益有预测能力。Bekaert 等（2005）发现在新兴市场非流动性也表现出收益的预测性。

结论 2：假设 $q\in R^{I}$ 投资组合满足：

$\rho^{c}(r^{f}q^{T}\sum^{CD}q+(r^{f}-\rho^{D})q^{T}\sum^{C}q)>(r^{f})^{2}q^{T}\sum^{CD}q$，非流动性和投资组合 q 的条件协方差表示为：

$$\begin{aligned}\mathrm{cov}_{t}(c_{t+1}^{q},r_{t+1}^{q}) &= \frac{1}{(P_{t}^{q})^{2}}\mathrm{cov}_{t}(C_{t+1}^{q},P_{t+1}^{q}+D_{t+1}^{q})\\ &= \frac{1}{(P_{t}^{q})^{2}}\mathrm{cov}_{t}\left(C_{t+1}^{q},\frac{r^{f}}{r^{f}-\rho^{D}}D_{t+1}^{q}-\frac{\rho^{C}}{r^{f}-\rho^{C}}C_{t+1}^{q}\right)\\ &= \frac{1}{(P_{t}^{q})^{2}}\left(\frac{r^{f}}{r^{f}-\rho^{D}}q^{T}\sum^{CD}q-\frac{\rho^{C}}{r^{f}-\rho^{C}}q^{T}\sum^{C}q\right)\end{aligned} \tag{4-64}$$

因此，$\mathrm{cov_t}(c_{t+1}^{q}, r_{t+1}^{q})<0$。Chordia 等（2001）、Jones（2001）、Pastor 和 Stambaugh（2003）都证实了这一结论，他们的研究都发现市场收益和非流动性之间是负向关系；Amihud（2002）发现对于规模投资组合来说，收益也和相对应的预期之外的非流动性负相关；Bekaert 等（2005）发现在新兴市场非流动性随着收益递减，二者呈现负相关关系。

---

① 推导过程参见 Acharya，V.，L. Pedersen，"Asset Pricing with Liquidity Risk"，*Journal of Financial Economics*，Vol. 77，2005，Feb.，pp. 375 – 410。

（五）无条件的流动性调整 CAPM

为了运用实证方法对流动性调整的 CAPM 模型进行估计，Acharya 和 Pedersen（2005）提出了无条件形式的流动性调整模型。假设风险溢价为常数 λ，对于任意的变量 X 和 Y，满足：

$$E[\text{cov}_t(X, Y)] = \text{cov}[X - E_t(X), Y] = \text{cov}[X - E_t(X), Y - E_t(Y)]$$

绝对风险规避的系数是一个常数，因此导致了风险溢价可能的时间变化，并使风险溢价接近于常数。① 由此可以得到模型的无条件形式：

$$E(r_t^i - r_t^f) = E(c_t^i) + \lambda\beta^{1i} + \lambda\beta^{2i} - \lambda\beta^{3i} - \lambda\beta^{4i} \tag{4-65}$$

其中，

$$\beta^{1i} = \frac{\text{cov}[r_t^i, r_t^M - E_{t-1}(r_t^M)]}{\text{var}(r_t^M - E_{t-1}(r_t^M) - [c_t^M - E_{t-1}(c_t^M)])}$$

$$\beta^{2i} = \frac{\text{cov}[c_t^i - E_{t-1}(c_t^i), c_t^M - E_{t-1}(c_t^M)]}{\text{var}(r_t^M - E_{t-1}(r_t^M) - [c_t^M - E_{t-1}(c_t^M)])}$$

$$\beta^{3i} = \frac{\text{cov}[r_t^i, c_t^M - E_{t-1}(c_t^M)]}{\text{var}(r_t^M - E_{t-1}(r_t^M) - [c_t^M - E_{t-1}(c_t^M)])}$$

$$\beta^{4i} = \frac{\text{cov}[c_t^i - E_{t-1}(c_t^i), r_t^M - E_{t-1}(r_t^M)]}{\text{var}(r_t^M - E_{t-1}(r_t^M) - [c_t^M - E_{t-1}(c_t^M)])}$$

$$\lambda = E(\lambda_t) = E(r_t^M - c_t^M - r^f)$$

综上所述，根据模型的结论，证券的必要收益与证券非流动性和市场非流动性的协方差是递增关系，与证券收益和市场非流动性的协方差是递减关系，与证券非流动性和市场收益的协方差也是递减关系。模型还证明当非流动性出现正方向变动时，持续的流动性会产生较低的同期收益和较高的预期未来收益。他们还发现了微弱的证据可以证明流动性风险要高于市场风险和流动性水平效应。

A－P 模型为研究流动性风险的经济意义提供了一个框架，模型

① 参见 Friend, I., Blume, M., "The Demand for Risky Assets", *American Economic Review*, Vol. 65, 1975, pp. 900－922。

的结论表明当平均流动性效应在数据上是基于典型的持有期，并且施加一个单独风险溢价的限制，这时流动性风险可以解释横截面的收益的1.1%。并且作者发现这种效应的80%是被流动性对市场收益的敏感性所决定的，这在之前的研究中是没有发现的。释放风险溢价可以导致对流动性风险溢价的过高估计，但是由于流动性与流动性风险之间的共线性，无法准确地估计这个结果。

第五章　流动性影响因素分析

第一节　引言

投资者在购买债券和持有债券时都会面临流动性问题，流动性的概念是证券的基础价值和实际的交易价格之差，当二者之差比较小时意味着流动性较高；反之亦然。从理论层面上来讲，流动性很容易被定义，但是从实证上进行准确可靠的测量却并非易事。测量流动性的方法分为价格法、交易量法、价量结合法和时间法，其中比较常用的是价格法和价量结合法，由于这两种方法计算简单又便于比较，很多学者也建立了很多相关指标。例如 Roll（1984）提出的估计价差，Amihud（2002）使用的非流动性比率，以及 Jankowitsch 等（2008）使用的价格分散（price dispersion）和 Dick – Nielsen 等（2009）采用的往返成本（roundtrip cost）。但是这些方法都是建立在价格波动的基础之上的，即采用买卖价格之差来衡量流动性的大小。当市场的活跃程度不高，价格变化幅度比较小的时候，采用这些方法来测量流动性就不太准确，中国的公司债券发展时间比较短，交易价格变化数据非常少，并且由于公司债券在交易所交易，而不是做市商撮合成交，因此无法获得买方报价和卖方报价，使用价格法并不可行。因此，我们使用换手率来衡量流动性的大小，换手率既可以衡量交易速度，也可以衡量交易时间，它是以一段时间内的交易额除以流通市值来计算，因此换手率越大说明债券的持有时间越短，流动性越好。

在第三章当中我们已经详细阐述了影响公司债券流动性的因素，主要有市场微观机制、市场参与者和市场交易产品，由于我国公司债券的发展时间比较短，市场交易制度和机制都不太完善，投资者的行为也不够理性，无法对这些因素进行有效的度量，因此我们集中分析债券本身的特征因素，包括债券的发行量、剩余到期时间、信用等级、票面利率等。已有很多研究证明这些因素都会对债券的流动性产生影响，Sarig 和 Warga（1989）分别从债券的发行人和交易者的角度分析了发行规模对流动性的影响，认为发行规模和流动性呈正效应关系。Schultz（2001）分析了“新券”（on - the - run）和“旧券”（off - the - run）效应，认为债券刚刚发行时的流动性要高于运行一段时间以后的流动性。Hotchkiss 和 Jostova（2007）认为，剩余到期时间会降低投资级别债券流动性，但不会对高收益债券产生显著影响。信用风险也会对债券流动性产生影响，一些研究认为二者是正相关关系，如 Alexander 等（2000）、Chacko 等（2005），也有一些研究得出了相反的结论，如 Houweling 等（2005）。另外还有学者研究了债券的息票率和复杂性对流动性的影响，Chacko 等（2005）认为息票利率是固定利率还是浮动利率不会对流动性产生影响，而债券的赎回性和可回售性却有显著效应。

基于以上的分析，在我们的研究当中包含的债券特征因素有：债券的发行规模、剩余到期时间、信用等级、票面利率和债券的复杂性，另外还考虑了行业因素对流动性的影响。我们使用了三种基于交易量方法作为被解释变量，并分析了每种因素对流动性的影响。这一章主要包括的内容有：第二节是研究设计，包括数据来源、变量选取和模型构建；第三节是实证分析，包括数据的描述性统计、流动性测量和模型回归结果；第四节是小结。

第二节　研究设计

一　数据来源

本节选取证券交易所上市的公司债券作为研究对象，这是因为尽管我国银行间债券市场是债券市场的主体，但是银行间债券市场包括的债券种类有企业债券，却没有公司债券，企业债券虽然和公司债券有一些相似之处，但在发行主体和市场功能等方面存在很大差别，企业债券的发行主体主要是中央部门直属机构和国有企业，发行条件和发债资金的使用都要受到政府的严格管制，企业债券实际上是一种政府债券。因此，本书的研究选择我国上海证券交易所和深圳证券交易所上市的公司债券作为研究对象，我国公司债券上市时间比较短，在2007年发行的债券和交易数据都非常少，因此选择样本区间为2007年至2011年11月30日，数据来源于国泰安数据服务中心，部分缺失的数据来源于Wind数据库。共包括326只债券，剔除已到期债券3只（122010，08宁沪债；122990，08锡公用；122897，10襄投债）、企业债券1只（122919，10鲁商债）、2004年发行债券1只（122998，04长航债），得到321只债券作为研究样本。

二　变量选取

（一）被解释变量

本章研究的被解释变量是流动性，采用交易量法计算流动性的大小，用三个变量来表示：换手率（*Turnover*）、交易天数（*Trade days*）和交易量（*Trade volume*）。具体计算过程用变量的百分位数作为被解释变量。

（二）解释变量

本章主要分析影响流动性的因素，按照前面的分析，我们的研究主要包括债券的特征因素、行业因素和债券的复杂性因素，具体包含的变量如下：

第一类是债券的特征因素，主要包括债券的发行规模，用债券每年的发行量来表示（*issue size*）；债券的剩余到期期限（*maturity*），指债券剩余的距离到期日的时间；信用等级（*credit rating*），由大公国际、中诚信、上海新世纪、鹏元和联合五家公司给出，息票率（*coupon*），用债券的票面利率表示。

第二类是行业因素，按照行业对债券进行划分，主要有材料行业（*material*）、工业（*industry*）、公用事业（*utility*）、金融业（*financial*）四个变量，没有包括在这四个变量中都定义为其他行业。

第三类是债券的复杂性因素，主要包括债券的回售性（*putable*），是指债券的投资人可以在债券价格下跌的时候提前将债券出售给发行人。另外，债券的可赎回性也应该是债券复杂性因素之一，但是由于我们选取的数据中仅有一两只债券具有赎回性，因此不再加以考虑。

表 5－1　　模型变量定义

变量	变量代码	变量名称	变量说明
被解释变量	*turnover*	换手率	百分位数表示。交易量与流通量的比值
	trade days	交易天数	百分位数表示。每只债券一年中存在交易的天数
	trade volume	交易量	百分位数表示。每只债券一年中的交易市值（单位：亿元）
解释变量	*issue size*	发行规模	债券的发行量（单位：十亿元）
	maturity	剩余到期期限	债券剩余距离到期日的时间
	credit rating	信用等级	根据等级赋值，AAA＝1，AA＋＝1.5，AA＝2，AA－＝2.5
	coupon	息票率	债券的票面利率
	material	材料行业	虚拟变量。是材料行业为1，不是材料行业为0
	industry	工业	虚拟变量。是工业为1，不是工业为0
	utility	公用事业	虚拟变量。是公用事业为1，不是公用事业为0
	financial	金融业	虚拟变量。是金融业为1，不是金融业为0
	putable	可回售性	虚拟变量。可回售性为1，不可回售性为0

三　模型构建

根据以上定义的变量，本章构建多元线性回归模型，如下：

$$Liquidity = \alpha + \beta_1 Issue + \beta_2 Maturity + \beta_3 Credit + \beta_4 Coupon + \beta_5 Material + \beta_6 Industry + \beta_7 Utility + \beta_8 Financial + \beta_9 Putable + \varepsilon_1 \quad (5-1)$$

其中，被解释变量 *Liquidity* 由 *Turnover*、*Trade days* 和 *Trade volume* 三个变量表示，针对模型中的解释变量分别进行回归，α 是截距项，β_i 是各因素的系数，ε_1 是残差项。

第三节　实证分析

一　描述性统计

（一）公司债券发行情况统计

这一部分内容对公司债券各年度的发行数量进行了统计，并按照行业、信用等级和剩余到期时间对债券的发行量进行了划分，具体内容如表 5－2—表 5－5 所示。

表 5－2　各年度公司债券发行数量　单位：只

	2007 年	2008 年	2009 年	2010 年	2011 年
上海证券交易所	5	18	97	66	90
深圳证券交易所	0	6	13	5	21
合计	5	24	110	71	111

资料来源：根据国泰安数据整理，2011 年数据截至 2011 年 11 月 30 日。

如表 5－2 所示，2007—2011 年的 5 年间，公司债券的发行数量快速增长，由 2007 年的 5 只债券增长到 2011 年的 111 只债券，增长了 20 多倍，其中增长速度最快的是 2008—2009 年，由 24 只债券增长到 110 只债券，尽管 2010 年发行数量有所减少，但 2011 年又基本恢复了之前的水平，说明近几年来我国公司债券获得了极大的发展空间，发行数量和发行规模都在进一步增加。从两个交易所的发行数量来比较，沪市的发行数量要远远大于深市，因此沪市公司债券已经有了一定的发展，而深市急需进一步加强。

表 5-3　　按行业划分公司债券发行情况　　单位：亿元、%

	2007 年		2008 年		2009 年		2010 年		2011 年	
行业划分	发行量	占比	发行量	占比	发行量	占比	发行量	占比	发行量	占比
材料	—	—	52.9	12.48	91.6	5.32	84.2	7.78	490.8	26.57
工业	—	—	114	26.89	633.5	36.79	495.2	45.75	704.9	42.46
能源	12	10.71	15	3.54	74.5	4.33	226	20.88	83	5.00
金融	—	—	182	42.94	635.1	36.89	168	15.52	134	8.07
公用事业	100	89.29	60	14.15	238	13.82	83	7.67	156	9.40
日常消费	—	—	—	—	18	1.05	—	—	14.4	0.87
医疗保健	—	—	—	—	6	0.35	—	—	49	2.95
信息技术	—	—	—	—	—	—	—	—	10	0.60
可选消费	—	—	—	—	25	1.45	26	2.40	18	1.08
合计	112	100	423.9	100	1721.7	100	1082.4	100	1660.1	100

资料来源：根据 Wind 数据、国泰安数据整理，行业按照 Wind 一级行业划分，2011 年数据截至 2011 年 11 月 30 日。

表 5-3 表示了公司债券发行量按照行业划分的情况，按照 Wind 一级行业标准划分，主要分为材料、工业、能源、金融、公用事业等 9 个行业。从各年度的发行量来看，除了 2010 年发行量有所减少之外，其他年度都在持续增长，并保持了较快的增长速度。从行业划分来看，2007 年仅有能源和公用事业两个行业发行公司债券，其中公用事业占总发行量的 89.29%，此后发行公司债券的行业在逐渐增多，2011 年发行公司债券的行业涵盖到了 9 个。各行业之间进行比较，2008 年和 2009 年发行量最大的行业是金融业，其次是工业，但是此后工业发行量逐渐超过了金融业成为第一大发行行业，金融业的发行量却在逐渐萎缩，尤其在 2011 年，发行量最大的是工业，占总发行量的 42.46%，其次是材料行业，占 29.56%，金融业仅占总发行量的 8.07%。这说明我国以金融业发行公司债券为主的局面已经被打破，越来越多的行业加入到发行公司债券的队伍中来。公司债券的发行主体正在呈现多元化趋势。

表 5-4　　**按信用等级划分公司债券发行情况**　　单位：亿元、%

	2007 年		2008 年		2009 年		2010 年		2011 年	
信用等级	发行量	占比	发行量	占比	发行量	占比	发行量	占比	发行量	占比
AAA	112	100	169.9	40.08	603.5	35.06	481.4	44.48	546.5	32.92
AA +	—	—	116	27.37	645	37.46	336.8	31.12	478.3	28.81
AA	—	—	114	26.89	455.9	26.48	254.2	23.48	628.3	37.85
AA -	—	—	24	5.66	17.3	1.00	10	0.92	7	0.42
合计	112	100	423.9	100	1721.7	100	1082.4	100	1660.1	100

资料来源：根据 Wind 数据、国泰安数据整理，2011 年数据截至 2011 年 11 月 30 日。

表 5-4 是各年度公司债券发行量按照信用等级划分的情况，我国的公司债券评级普遍偏高，均在 A 级以上，全部是投资型债券，不存在投机型债券。其中 AAA 级债券占有的比重最大，2007 年 AAA 级债券占总发行量的 100%，2008 年占 40.08%，2009 年之后 AAA 级债券的比重开始减少，尤其在 2011 年，AAA 级债券的比亘减少为 32.92%。AA 级债券的比重逐渐增加，2011 年占总发行量的比重最大，为 37.85%。以上数据表明，总体来看我国公司债券的评级偏高，AAA 级债券比重过大，这与实际不符，说明我国信用评级存在一定的缺陷，科学性不足。

表 5-5　　**按剩余期限划分公司债券发行情况**　　单位：只、%

剩余期限	债券数量	占总发行量比重
<1 年	5	1.17
1—2 年	14	5.20
2—3 年	40	13.23
3—4 年	32	10.97
4—5 年	74	22.91
5—6 年	50	11.79
6—7 年	58	16.65
7—8 年	19	7.17
8—9 年	11	5.10
9—10 年	15	4.51
>10 年	3	1.30
合计	321	100

资料来源：根据 Wind 数据、国泰安数据整理，剩余年限选取 2011 年 11 月 30 日债券加权剩余年限。

表5－5是按照剩余到期时间划分的公司债券发行情况描述，选取2011年11月30日每只债券的加权剩余年限作为剩余到期时间，按照剩余到期时间对公司债券进行了划分。从表中可以看出，剩余到期时间在4—7年的债券居多，2011年11月30日，这三个时间段的债券占市场总市值的比重达到51.36%，而小于1年到期的仅占1.17%，大于10年的占1.30%。由此可以看出，我国公司债券到期期限主要集中在4—7年，中期债券居多，短期和长期债券较少。这说明我国公司债券的期限分布并不合理，应该进一步加大对短期债券和长期债券的发行力度。

（二）公司债券交易情况统计

这部分内容对公司债券的交易情况进行了统计，并按照行业、信用等级、期限、剩余到期时间和交易时间间隔对债券的交易量进行了划分，具体内容如表5－6—表5－12所示。

表5－6　　2010—2011年每月交易量　　单位：10亿元

年度	月份	交易量	年度	月份	交易量
2010	1	5.91	2011	1	5.54
2010	2	5.19	2011	2	4.16
2010	3	8.08	2011	3	10.18
2010	4	8.22	2011	4	9.50
2010	5	6.71	2011	5	9.78
2010	6	4.35	2011	6	8.79
2010	7	6.57	2011	7	7.00
2010	8	6.05	2011	8	7.99
2010	9	5.75	2011	9	7.81
2010	10	5.34	2011	10	8.30
2010	11	8.56	2011	11	14.29
2010	12	5.98	2011	12	—

资料来源：根据Wind数据整理，根据每月每只债券交易量加总得到每月总交易量，2011年数据截至2011年11月30日。

表5－6给出了2010年到2011年每月公司债券的交易量，计算方法为首先计算每只债券每个月的交易量，再进行加总，得到每个月总的交易量。从总体上来看，我国公司债券的交易量普遍偏低，大部分月份的交易量在50亿—60亿元之间，只有极个别月份超过100亿元。与2010年相比较，2011年各月的交易量有了较大的增长，11个月当中有6个月的交易量在80亿元以上，尤其是3月和11月交易量均超过了100亿元，分别为101.8亿元和142.9亿元。以上数据说明尽管我国公司债券的交易量较少，但是市场活跃程度在逐渐增强，交易量逐渐增加。

表5－7给出了各年度债券的交易频率，交易频率定义为一年中债券交易的天数，表中的数字表示在特定的交易天数中的债券的数量。如2008年，交易天数超过200天的有1只债券，交易在150天到200天之间的有5只债券。在各个年度，我们把交易天数大于200

表5－7　　各年度交易频率　　单位：只

交易频率	2007年	2008年	2009年	2010年	2011年
>200天	0	1	14	31	20
150—200天	0	5	14	21	28
100—150天	0	4	13	29	31
50—100天	1	11	20	20	52
30—50天	0	1	18	24	45
10—30天	1	3	17	26	56
5—10天	0	0	5	7	21
1—5	0	0	10	12	23
1天	0	0	3	5	5
0天	3	4	25	35	40
合计	5	29	139	210	321

资料来源：根据国泰安数据整理，2011年的交易数据截至2011年11月30日。

天定义为一年中每天都有交易，从表中可以看出，每天都有交易的债券数量非常少，2009 年仅有 14 只，占债券总量的 10.07%；2010 年有 31 只，占债券总量的 14.76%；2011 年有 20 只，占债券总量的 6.23%，这说明我国公司债券的流动性非常低。如果我们把一年中交易天数大于 100 天的债券定义为流动性较强的债券，那么 2009 年流动性较强债券仅占债券总量的 29.50%，2010 年占 38.57%，2011 年占 24.61%，从这些数据可以看出，我国公司债券一年中交易日在 100 天以上的还不足一半，流动性处于很低的水平，并且近几年来，这种情况并没有得到改善，市场依然比较低迷。

表 5-8　　按行业划分各年度交易量　　单位：%

行业划分	2007 年	2008 年	2009 年	2010 年	2011 年
	占比	占比	占比	占比	占比
材料	—	20.51	11.28	5.67	12.96
工业	—	14.93	30.30	26.89	33.42
能源	51.63	5.03	1.04	6.55	2.81
金融	—	55.94	53.16	57.03	42.63
公用事业	48.37	3.59	3.38	1.49	4.16
日常消费	—	—	0.14	0.74	1.07
医疗保健	—	—	0.11	0.39	1.41
信息技术	—	—	—	—	0.19
可选消费	—	—	0.59	1.24	1.35
合计	100	100	100	100	100

资料来源：根据 Wind 数据、国泰安数据整理，行业按照 Wind 一级行业划分，2011 年数据截至 2011 年 11 月 30 日。

从表 5-8 开始，我们分析按照债券特征划分的交易情况，如表 5-8 所示，将债券的交易量按照所属的行业进行分类，按照 Wind 一级行业划分为材料、工业、能源、金融、公用事业等共 9 个行业，用交易的市场价值计算每个行业交易量在各个年度总交易量中所占的比重。从 2008 年到 2011 年，每个行业交易量所占的比重相对比较稳定，其中比重最大的是金融业，2008 年到 2010 年都在 50% 以上，2011 年虽然降低到了 42.63%，但仍然是各行业中占总交易量比重最高的。金融业主要包括银行和保险公司，由于这些企业都是高杠杆企业，有很大的能力承担较高的债务。另外从表 5 - 8 的数据还可以看出，近几年来工业、公用事业和其他行业的债券交易量都逐渐增多，这说明金融业尽管仍然在公司债券交易中占有绝对优势，但是主导作用却在逐渐弱化，参与公司债券交易的行业日益增多，多元化局面日渐形成。

表 5 - 9　　按信用等级划分各年度交易量　　单位:%

信用等级	2007 年	2008 年	2009 年	2010 年	2011 年
	占比	占比	占比	占比	占比
AAA	100	23.26	14.43	14.71	15.11
AA +	—	27.86	32.54	34.70	35.68
AA	—	20.94	33.38	43.10	44.09
AA -	—	27.94	19.65	7.49	5.12
合计	100	100	100	100	100

资料来源：根据 Wind 数据、国泰安数据整理，2011 年的交易数据截至 2011 年 11 月 30 日。

表 5 - 9 是按照信用等级划分的公司债券各年度交易情况，用交易的市场价值计算各个信用等级债券交易量占总交易量的比重。从表中数据可以看出随着时间推移债券信用等级的变化情况。2007 年交易的债券全部是 AAA 级债券，此后 AAA 级债券的比重逐渐降低，2011 年仅占债券总交易额的 15.11%，与之相反，AA 级债券的比重却在逐渐升高，从 2007 年的 0 升高到 2011 年的 44.09%。但从总体上来看，我国债券信用评级存在不合理现象，这就是高信用级别债券过高，90% 以上的债券为 AA 级以上，不存在投机型债券，

这与债券发展的现实情况不符。

表 5 - 10　　剩余期限十分位分布情况　　单位：年

	2008 年	2009 年	2010 年	2011 年
0	4.41	2.12	1.06	0.27
10	4.75	4.12	3.38	2.85
20	4.77	4.68	4.27	3.53
30	4.82	4.87	4.56	4.66
40	4.88	4.93	5.28	4.86
50	6.57	5.75	5.87	5.33
60	7.57	6.59	6.16	5.98
70	8.93	6.72	6.52	6.53
80	9.41	6.88	6.95	6.77
90	9.63	8.88	8.85	7.84
100	9.81	9.84	14.90	14.32

资料来源：根据国泰安数据整理，2011 年的交易数据截至 2011 年 11 月 30 日。

接下来我们给出了债券有关特征的统计性描述，例如债券的剩余到期期限、发行以来的存续期限和交易间隔时间等。从债券的存续时间来看，有两个时间点最为重要：一个是债券的发行时点，另一个是债券的到期时点。表 5 - 10 给出了公司债券剩余到期时间的十分位数分布情况，由于 2007 年只有 2 只债券有交易记录，因此不包括 2007 年，只计算 2008 年到 2011 年的剩余到期时间。首先根据交易记录计算每年每只债券的平均剩余到期时间，再计算各年度的十分位数。从表中的数据可以看出，债券的到期期限随时间逐渐减少，中位数由 2008 年的 6.57 年减少到了 2011 年的 5.33 年，最小值从 2008 年的 4.75 年减少到了 2011 年的 2.85 年。

表 5 - 11 表示了债券发行以来的存续时间变化情况，由于 2007 年只有 2 只债券有交易记录，因此只计算 2008 年到 2011 年的数据。先根据债券交易计算每年每只债券的平均期限，再计算各年度的十分位数。从表中数据可以看出，我国公司债券的存续时间普遍较

短，但自2008年以来，公司债券的期限随时间逐渐增加，中位数由2008年的0.32年增大到2011年的1.24年，最大值由2008年的0.77年增大到2011年的3.83年，这与表5－10中剩余到期期限随时间逐渐减少是相对应的。这是由于我国公司债券大部分是在近几年来发行的，存续期限尚短，因此剩余到期时间普遍较长。

表5－11　　期限十分位分布情况　　单位：年

	2008年	2009年	2010年	2011年
10	0.16	0.12	0.23	0.19
20	0.19	0.13	0.43	0.29
30	0.23	0.19	0.55	0.44
40	0.25	0.26	0.67	0.69
50	0.32	0.31	0.77	1.24
60	0.38	0.36	0.94	1.58
70	0.43	0.45	1.13	1.81
80	0.47	0.72	1.29	2.12
90	0.61	1.01	1.86	2.44
100	0.77	1.78	2.81	3.83

资料来源：根据国泰安数据整理，期限是债券发行以来的存续时间，2011年的交易数据截至2011年11月30日。

如表5－12所示，表示了公司债券各年度连续交易的间隔时间，首先计算每只债券的相邻两个交易日之间的平均间隔时间，再计算十分位数。由于2007年只有2只债券有交易记录，因此不包括2007年，只计算2008年到2011年。按照表5－7给出的数据，有的债券一年中没有交易，或只有1天有交易，因此在计算表5－12时不包括这些债券。从数据可以看出，交易间隔天数随时间在逐渐增大，平均交易间隔天数中位值由2008年的2天增长到2011年的4天，最大值由2008年的6天增长到2011年的96天。导致这种结果的原因主要是我国公司债券在初期发行量非常少，随着时间在逐渐增加，2008年有交易记录的债券仅有25只，并且交易时间比较集中，交易频率比较高，2011年存在交易记录的债券有281只，有些债券的交易比较稀少，交易的间隔时间较长，因此导致连续交易间隔天数随时间逐渐增大。并且在计算连续交易间隔天数时，我们剔除了一年中没有交易和只有一天交易的债券。

表5-12　连续交易间隔时间十分位分布情况　单位：天

	2008年	2009年	2010年	2011年
10	1	1	2	2
20	1	1	2	2
30	1	2	2	3
40	1	2	2	3
50	2	2	3	4
60	2	2	4	6
70	2	3	6	7
80	2	4	9	11
90	3	6	14	21
100	6	63	75	96

资料来源：根据国泰安数据整理，2011年的交易数据截至2011年11月30日。

二　流动性测量

上一节我们对实证分析的有关数据进行了统计性分析，在此基础上我们对流动性进行测量。我们使用交易量法测量流动性，主要使用的变量是换手率，换手率是测量流动性经常使用的指标之一，我们用一段时间内的交易量（股数）除以总流通股数来计算，换手率越大说明债券的持有时间越短，流动性越好。

图5-1—图5-5描述了流动性和债券特征之间的变化关系。在计算债券的换手率之后，我们按照换手率的大小将债券划分为百分位，0代表最低的流动性水平，1代表最高的流动性水平，债券的流动性大小在0到1之间。对于每一种债券特征，按照债券特征的数值对流动性百分位数进行平均，然后描绘平均流动性和债券特征的关系散点图。

图5－1描绘了平均流动性和债券期限之间的关系，期限是指债券从发行以来的存续时间，流动性是按照换手率计算的百分位数，并按照期限的时间段进行了平均。如图5－1所示，债券在发行之初的流动性较高，随着持有期的增长，流动性在逐渐降低，这与债券的“新券”、“旧券”效应是一致的。“新券”效应是指债券在刚刚发行时由于价值被低估，造成投资者的追捧，随后迅速卖出，因此流动性过高，而债券在交易一段时间之后，价格变化比较稳定，投资者的热情不再像刚刚发行时那么高，因此流动性也降低了。对于期限小于1年的债券，流动性均值在0.5以上，而期限大于3年的债券，流动性均值却在0.1以下。但是从图中也可以看出，在债券期限小于2年时，流动性并没有随期限的增长而减少，反而有升高的趋势，这可能是由于我国公司债券在开始阶段发行量较少，大部分债券的存续期限较短，因此在初期受到期限的影响不明显。

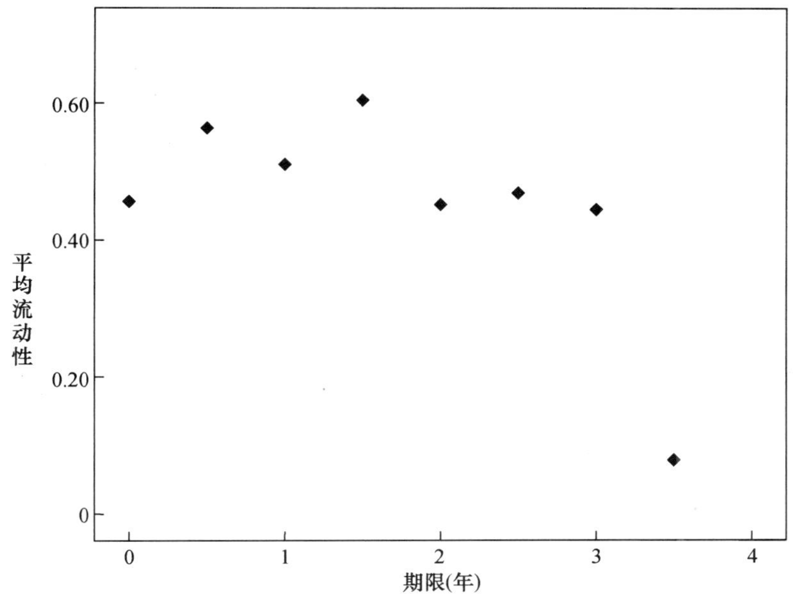

图5－1　平均流动性与债券期限关系

图 5－2 描绘了平均流动性和剩余到期时间之间的关系，剩余到期期限是指债券距离到期日的时间，流动性是按照换手率计算的百分位数，并按照剩余到期期限的时间段进行了平均。从图中可以看出，剩余到期期限和流动性之间的关系并不明显，在剩余到期期限小于 6 年时，流动性刚开始增大，又随到期期限延长而逐渐降低，由 0. 95 降低到 0. 28，当剩余到期期限大于 6 年时，流动性又随着期限延长而逐渐增加。导致这种结果的原因可能是由于我国公司债券近三年发行得居多，尤其是2011 年发行的债券最多，因此债券的年龄都比较短，都在 4 年以内，即将到期的债券比较少，剩余到期期限小于 1 年的只有 5 只债券，因此存在债券年龄短、剩余到期期限长的特点。并且由于我国公司债券的期限以中期居多，大部分在 3 年到 6 年，大于 10 年的只有 3 只债券。因此总体来看，剩余到期期限与流动性的关系并不明显，需要在后面的实证检验中进一步分析。由于债券的年龄和剩余到期期限之间存在一定的相关性，因此在实证分析中只包括剩余到期期限，而忽略了债券的年龄。

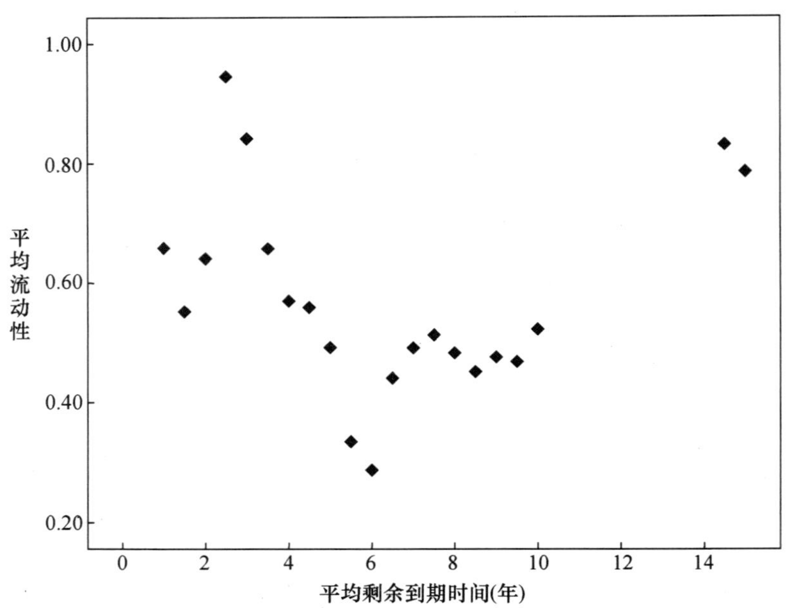

图 5－2　平均流动性与剩余到期时间关系

如图 5－3 所示，表示了平均流动性和发行量之间的关系，流动性是按照换手率计算的百分位数，并按照发行量的大小进行了平均。总体上来看，流动性随着发行量的增长逐渐减少，但是这种趋势又不够明显。随着发行量从 3 亿元增大到 50 亿元，平均流动性的值从 0.65 减少到 0.41。我们认为导致这种结果的原因可能是由于：第一，我国公司债券处于刚刚起步阶段，债券当中大部分是近三年发行的，并且 2011 年发行的债券最多；第二，最近发行的债券流动性最强，因此 2011 年发行的债券比之前发行的交易频率要高，交易量要多；第三，债券发行量较小的大部分集中于 2011 年发行，少数之前发行的债券交易比较稀少，因此造成了发行规模小的债券流动性反而大；第四，发行规模普遍较小，过于集中，大部分在 30 亿元以下，尤其是 10 亿元以下的债券最多，发行量在 30 亿元以上的仅有 12 只，在 90 亿元以上的仅有 2 只。基于以上的分析，流动性与发行量之间的关系不够明显，需要在后面的实证检验中进一步说明。

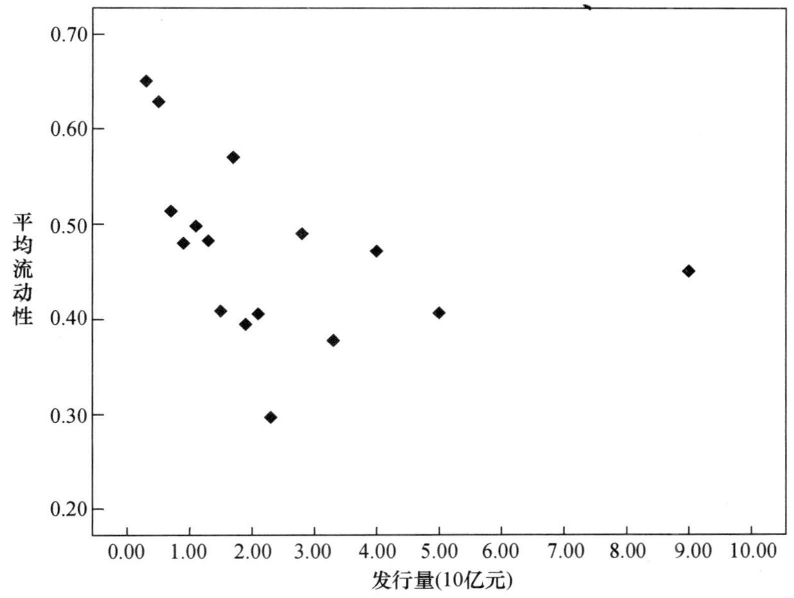

图 5－3　平均流动性与发行量关系

图 5 -4 描绘了平均流动性和息票率之间的关系，息票率使用债券的票面利率，流动性是按照换手率计算的百分位数，并按照息票率进行了平均。从图中可以看出，我国公司债券的息票率在 7% 以下的居多，7% 以上的仅有 5 只，流动性和息票率之间的关系非常明显，正相关关系很显著，随着息票率的增加流动性也在逐渐升高。票面利率从 3% 上升到 9%，流动性也从 0.18 增加到 0.93。另外，我国公司债券全部是附息债券，不需要考虑零息债券的影响，从理论上来讲，息票率的计息方式和付息频率也是影响流动性大小的因素之一，但是由于我国公司债券大部分都是固定利率，一年付息一次，只有 5 只债券是浮动利率，1 只债券是一年付息二次，2 只债券是一年付息四次，因此对计息方式和付息频率的影响不再考虑。

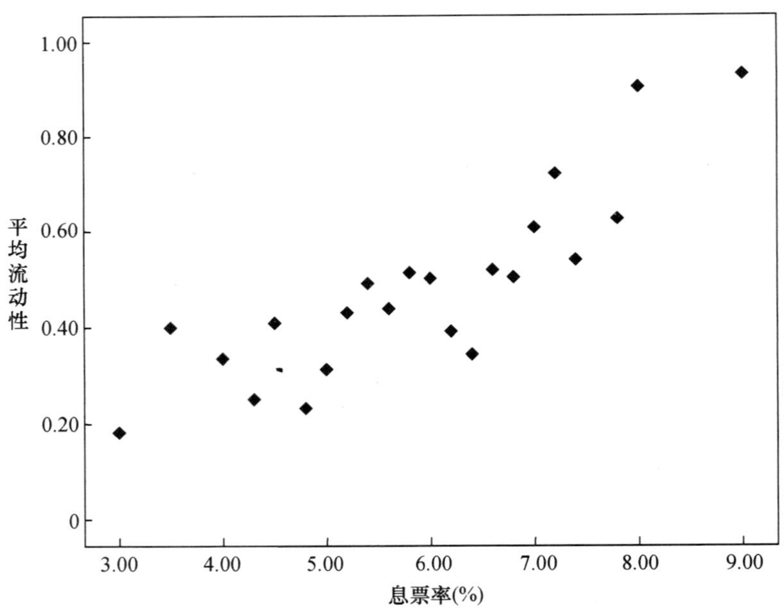

图 5 -4　平均流动性与息票率关系

如图 5 -5 所示，表示了平均流动性和信用等级之间的关系，流动性是按照换手率计算的百分位数，并按照信用等级进行了平均。从图中可以看出，随着信用等级降低，流动性在逐渐升高，流动性由AAA级的0.37增长到AA－级的0.70。但是直方图只能对流动性和信用等级的关系进行大致的刻画，我们将在接下来的研究中对二者关系进行详细的分析。

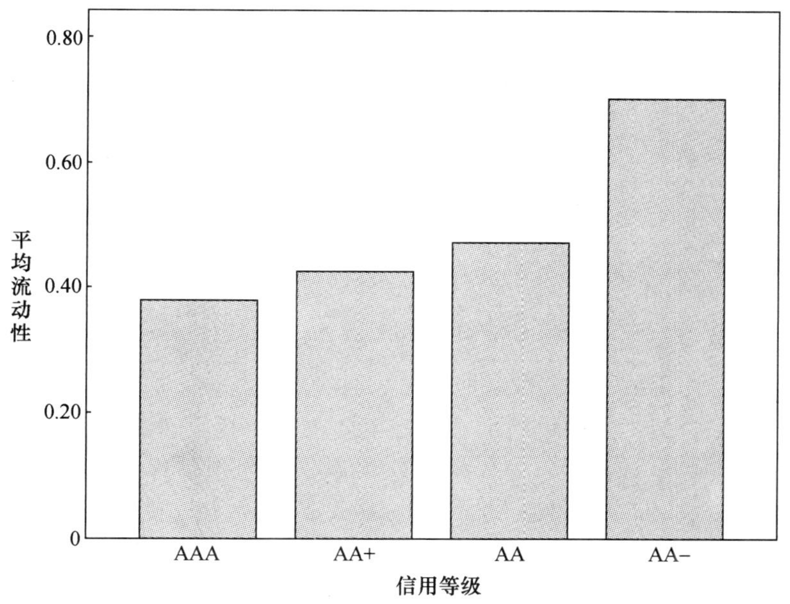

图5－5 平均流动性与信用等级关系

三 模型回归结果

在这一节，我们使用流动性变量分析影响流动性的因素，以及这些因素对流动性的影响程度。为了解决这个问题，我们使用了三个回归方程，按照前文所述，分别用换手率、交易天数和交易量作为被解释变量测量流动性，解释变量是有关债券特征的因素，包括债券的发行规模、期限、剩余到期时间、信用等级、息票率、行业因素和可回售性。我们对三个被解释变量分别运行回归，并比较了三个方程的结果。

首先我们分析三个被解释变量的相关性。在前面的分析中我们已经解释了换手率的计算方法，并且使用了换手率计算结果的百分位数，交易天数和交易量的计算我们首先除以流通量进行标准化，这样的做法是为了控制发行量的影响，其次再计算百分位数。因此我们对流动性的测量使用的都是百分位数，是序数表示法。三个被解释变量的相关性如表 5 - 13 所示。

表 5 - 13　　流动性度量变量的相关性

	换手率	交易天数	交易量
换手率	1		
交易天数	0.658939	1	
交易量	0.92422	0.727723	1

根据表 5 - 13 的数据可以看出，换手率和交易量的相关程度比较高，这是由于换手率是交易股数与流通股数的比值，而交易量是成交量的市场价值，二者之间本来就存在紧密的联系，因此相关性较高。交易天数和交易量、交易天数和换手率之间的相关程度也是比较高的，接下来我们分析这三个被解释变量和债券特征之间的关系，结果见表5 - 14。

表 5 - 14 给出了流动性变量和债券特征关系的回归方程结果，方程的被解释变量在回归时都使用的是百分位数，百分位数的计算是按照流动性递增的顺序将债券排序，然后计算百分位数，较高的百分位对应着债券较高的流动性，回归结果给出了各个因素的影响系数和 t 值。

从回归结果可以看出，流动性和债券的发行规模呈负相关关系，发行量越大，流动性越小。这与图 5 - 3 的结果是一致的，发行量从 3 亿元增大到 50 亿元，平均流动性的值从 0.65 减少到 0.41。我们认为这主要是由于我国公司债券的发行规模普遍偏小，发行量集中在 10 亿元以下，而这些债券大部分是在 2011 年发行的，发行时间越短的债券流动性越强，因此造成发行量小的债券反而交易频率比较大，流动性较强。从图 5 - 3 我们也可以看出，当发行量小于 20 亿元时，流

表 5-14　　多元回归分析结果

	换手率		交易天数		交易量	
	系数	T 值	系数	T 值	系数	T 值
截距项	0.130*	1.738	0.058	0.759	0.023	0.310
发行规模	-0.051***	-2.667	-0.145***	-7.490	-0.038**	-1.992
剩余到期期限	-0.027***	-4.938	-0.006	-1.125	-0.023***	-4.309
信用等级	-0.035	-1.035	0.037	1.057	-0.004	-0.120
息票率	0.099***	7.960	0.073***	5.734	0.098***	7.852
材料行业	0.003	0.061	-0.008	-0.189	0.002	0.055
工业	-0.061*	-1.718	0.039	1.093	-0.003	-0.086
公用事业	-0.109**	-2.313	-0.113**	-2.352	-0.069	-1.471
金融业	0.064*	1.676	0.089**	2.293	0.114***	3.009
可回售性	0.031	1.378	-0.043*	-1.866	0.035	1.554
Adj-R^2	0.273		0.244		0.275	
R^2	0.284		0.256		0.286	
F	25.896		22.388		26.178	
P-Value	0.000		0.000		0.000	
样本量	597		597		597	

注：*表示在10%水平下显著，**表示在5%水平下显著，***表示在1%水平下显著。

动性随着发行规模的增大在明显降低，而当发行量大于20亿元时，这种效应不太明显。

债券的剩余到期时间和流动性也是负相关关系，从变量的系数可以看出，剩余到期期限越长，流动性越低。我们认为可能的原因是由于一些长期持有债券的投资者，他们的资金实力大都比较雄厚，因此会持有债券流通量的很大一部分，同时这些投资者的长期负债额度也比较大，他们更需要大量的长期资产来抵消长期负债的风险性，因此当持有长期资产时，他们更愿意长期持有而不愿意频繁地进行交易。

对于信用等级，我们发现根据回归的结果，对流动性的影响是不显著的，这与图5－5的描述是不一致的。图5－5表示债券的违约风险越高，流动性也越高，即债券的流动性随着信用等级的降低在逐渐升高，但是回归结果却认为信用风险对流动性没有什么影响，我们认为导致这种现象的原因主要是：第一，我国公司债券评级不够真实，债券信用等级普遍偏高；第二，没有A级债券存在，更没有投机型债券，AA－级债券只有4只，因此，图5－5的结果不够合理。

息票率与流动性存在正相关关系，这与前面图5－4的描述是一致的，流动性随着息票率的升高也在逐渐增加，票面利率从3%上升到9%，流动性也从0.18增加到0.93。我们认为原因是公司债券的票面价值都是100元，因此投资者更倾向于持有票面利率较高的债券，到期可以获得较高的利息收入，因此息票率高的债券交易量比较大，交易比较活跃。另外我国公司债券全部是附息债券，不需要考虑零息债券的影响，更由于大部分是固定利率、一年付息一次，也不需要考虑计息方式和付息频率的影响。

行业对流动性的影响主要表现在，金融业债券对流动性有增加效应，如果债券的发行人处在金融业，则债券流动性较大，这在三个回归中都体现了显著性。公用事业对流动性的影响是负向的，即债券发行人是公用事业，则流动性较小，但是这个显著性只体现在三个回归方程中的两个，交易量回归并不显著。另外，工业行业对流动性的影响比较微弱，材料行业对流动性没有影响。

根据回归结果可以看出，债券的回售性对流动性几乎没有影响。债券发行人在发行债券时有权利对债券附加一些条款，例如债券的赎回性、回售性、可转换性等，但是由于我国公司债券发展时间尚短，这些债券附加工具并不发达，大部分公司债券并不具备这些特性，因此对流动性也没有影响。随着公司债券发展逐渐成熟，这个问题可以在以后的研究中继续进行。

最后我们对换手率、交易天数和交易量三个回归进行横向比较，我们发现，三个回归方程的结果是一致的，但是换手率回归的显著性更强，例如剩余到期期限因素在交易天数回归中不显著，公用事业在交易量回归中没有影响。

第四节　小结

本章研究使用换手率、交易天数和交易量作为流动性变量，对影响流动性的有关债券特征因素进行了分析。根据回归结果得出结论，对流动性有显著性影响的是发行量、剩余到期期限和息票率因素，其中发行量、剩余到期期限与流动性之间是负相关关系，息票率对流动性有正的影响效应。根据研究结论认为债券的信用评级对流动性没有影响，这与理论不符，理论上认为信用评级代表了债券面临的违约风险，应该对流动性产生一定的影响。我们认为产生这种结果一方面是由于我国公司债券存在信用等级偏高现象，因此债券的信用等级的效应不显著；另一方面说明我国信用评级行业不够规范，评级过程不公开不透明，评级指标和计算方法不统一，因此造成评级结果不真实。

在行业因素当中，金融业的显著性最强，如果债券发行人处于金融行业，则债券的流动性越强，而材料行业没有影响，工业行业的影响非常小，公用事业有一定的影响。我们认为由于金融业规模在公司债券发行行业中所占比重最大，每年的交易量中有大约一半是来自金融行业，因此金融业对整个市场的影响最大，对流动性的效应最强。

第六章　流动性与资产定价

第一节　引言

公司债券价差（yield spread）是指公司债券收益率和同期的无风险收益率之差，是给予公司债券投资者的风险补偿，从完美市场的角度分析，认为信用风险是影响公司债券价差的主要因素，但是在现实研究中，许多学者发现流动性对于公司债券价差也具有一定的效应。Huang 和 Huang（2003）研究公司债券价差多大程度上可以被信用风险所解释，他们使用了结构违约风险模型，利用风险溢价对公司债券的违约风险进行定价，得出结论，模型预测的信用价差比现有的价差要小，并且信用风险只能说明公司债券价差的一小部分。Elton 等（2001）认为公司债券价差不能完全被信用风险和税收所解释，它的另一部分是和风险溢价相关的。Collin－Dufresne 等（2001）使用经纪人的报价和交易价格，来研究信用价差变化的决定因素，在回归分析中加入违约率和回收率等多种代表量，结果证明，这些变量只能解释信用价差变化的25%，因此得出结论，信用价差不能只由信用风险来解释。

由于信用风险不是解释公司债券价差的主要因素，而流动性在公司债券价差中的作用越来越重要，因此很多学者致力于研究流动性溢价问题。Houweling 等（2005）使用九个不同的流动性代表量：发行量、上市情况、是否以欧元计价、是否新发行债券（on－the－run）、期限、缺失的价格（missing prices）、收益率的变动、交易者数量和收益离散度（yield dispersion）来测量流动性，研究流动性是否被定价。在使用 Fama 和 French（1993）模型对债券投资组合的利率风险、信用风险、到期日和债券等级进行控制之后，发现了显著的流动性溢价。Longstaff 等（2005）在债券的价差中减去违约互换利率，这部分是作为公司债券价差无风险的部分来研究的，结果证明，在债券价差变化的横截面和时间序列上，价差的无风险部分都是和非流动性显著相关的。Chen 等（2007）运行了公司债券价差对信用风险和流动性代表量的回归，结果表明，信用风险不能完全解释债券价差，而代表流动性的三个变量都是显著的，这三个变量分别是：买卖价差、零收益率（zero returns）、LOT。①

基于以上研究在这部分中我们研究了我国公司债券市场的流动性效应，使用上海证券交易所和深圳证券交易所的公司债券交易数据，采用了五种测量流动性的方法：Amihud 测度、买卖价差、Roll 测度、换手率和零交易日（zero trading days）。另外本书还包含了债券特征变量和交易行为变量，债券特征变量包括发行量、息票率、剩余到期时间、债券期限和债券行业因素，交易行为变量包括交易量和交易间隔时间（trading interval）。我们还使用债券的信用等级作为信用风险的代表量。对样本总体进行回归分析之后，又按照信用等级、行业和交易量进行分组，并比较了分组回归之后的结果。

这一章主要包括的内容有：第二节是研究设计，包括数据来源、变量选取、流动性测量和模型构建；第三节是研究假设；第四节是实证分析，包括数据的描述性统计、模型回归结果，以及分组数据的描述性统计和实证分析结果；第五节是小结。

---

① 由 Lesmond、Ogden 和 Trzcinka（1999）提出，因此得名“LOT”测量方法。

第二节　研究设计

一　数据来源

本书选取证券交易所上市的公司债券作为研究对象，这是因为尽管我国银行间债券市场是债券市场的主体，但是银行间债券市场包括的债券种类有企业债券，却没有公司债券，企业债券虽然和公司债券有一些相似之处，但在发行主体和市场功能等方面存在很大差别，企业债券的发行主体主要是中央部门直属机构和国有企业，发行条件和发债资金的使用都要受到政府的严格管制，企业债券实际上是一种政府债券。因此本书的研究选择我国上海证券交易所和深圳证券交易所上市的公司债券作为研究对象，我国公司债券上市时间比较短，在 2007 年只有上海证券交易所有 5 只公司债券，深圳证券交易所没有发行公司债券，因此选择的样本区间为 2008 年 1 月 1 日至 2011 年 12 月 31 日，数据来源于国泰安数据服务中心，共 321 只债券，剔除已到期债券 3 只，企业债券 1 只，2004 年发行债券 1 只，得到 316 只债券作为研究样本。

公司债券的交易数据来源于国泰安数据服务中心，部分缺失的数据从 Wind 数据库获得，国债的收益率等数据来源于国泰安数据服务中心和 RESSET 金融研究数据库。

二　变量选取

（一）被解释变量

本章研究的被解释变量是公司债券的价差，是指公司债券收益率和同期的无风险收益率之差，我们把这个无风险基准利率定义为与公司债券到期日相同的国债利率，公司债券的收益率我们选取每月每个交易日到期收益率的均值，与公司债券同一天交易并且剩余到期期限相同的国债利率作为无风险基准利率。在选取无风险基准利率方面，之前的许多研究者选取国债利率或互换利率作为无风险利率，研究结果表明这两种利率的选择对于结论的影响是一致的，例如 Jankowitsch 等（2011）和 Dick - Nielsen 等（2009）都使用了国债利率和互换利率作为无风险基准利率来计算公司债券价差，根据两种基准利率计算的价差结果是基本一致的。由于考虑到数据的可得性，本书只使用国债利率作为基准利率，对于互换利率则不作讨论。

（二）解释变量

1. 流动性变量（Liquidity Measure）

我们使用了五种计算流动性的方法来测量流动性，作为流动性的代表量，分别是 Amihud 测度、买卖价差、Roll 测度、换手率和零交易日（zero trading days）。将在第六章第二节第三部分中详细解释每种流动性变量的计算方法。

2. 债券特征变量（Bond Characteristics）

债券特征变量包括债券的发行量、息票率、到期时间、期限和行业变量，行业变量只代表债券是否由金融行业公司发行。这些变量从直观上讲和流动性都有一定的关系，通常情况下我们认为发行量较大的债券，流动性也比较强，息票率较高的债券，流动性会比较弱。剩余到期期限越长，债券的流动性应该越弱，因为这些长期债券通常被长期投资者所持有，他们的交易并不活跃。根据之前的研究结论，我们还认为最近发行的债券流动性更强，也就是“新券”效应。行业变量只代表相对于其他行业来讲金融行业中流动性效应的大小。

3. 交易行为变量（Trading Activity Variables）

债券的交易活动情况也代表了流动性的大小，通常情况下认为交易行为越活跃，流动性越强。在我们的研究当中包含了两个交易行为变量，分别为交易量和交易间隔时间。我们使用国泰安数据中心的公司债券日交易数据计算每日的交易量，交易间隔时间定义为债券交易日的间隔天数，交易间隔时间越长意味着交易活跃度较低，流动性也较弱，因此交易间隔时间越短说明流动性较强。

4. 信用风险变量（Credit Risk）

为了控制信用风险，在回归方程中加入了信用等级变量，由于我国债券的信用等级普遍偏高，只有投资等级债券，没有投机等级债券，因此根据债券的等级进行赋值，AAA 级债券赋值为 1，AA + 级债券赋值为 1.5，AA 级债券赋值为 2，AA - 级债券赋值为 2.5。

表 6-1　　模型变量定义

变量	变量代码	变量名称	变量说明
被解释变量	*Yield Spread*	债券价差	公司债券收益率与无风险利率之差
流动性变量（Liquidity Measure）	*Amihud Measure*		表示交易对价格的影响，值越大，流动性越低
	Bid - Ask Spread	买卖价差	使用交易日的最高价和最低价计算
	Roll Measure		使用连续价格变化的协方差代表债券的交易成本
	Turnover	换手率	交易量与流通量的比值
	Zero trading days	零交易日	一个月中债券没有交易的百分比
债券特征变量（Bond Characteristics）	*Issue size*	发行规模	债券的发行量（单位：亿元），取对数
	Coupon	息票率	债券的票面利率
	Maturity	剩余到期期限	债券剩余距离到期日的时间
	Age	期限	债券的存续期限
	Industry	行业	虚拟变量。是金融业为 1，不是金融业为 0
交易行为变量（Trading Activity）	*Trade volume*	交易量	每只债券的交易市值（单位：百万元），取对数
	Trade interval	交易间隔	债券两个交易日之间间隔的时间，用天数表示
信用风险变量（Credit Risk）	*Credit rating*	信用等级	根据等级赋值，AAA = 1，AA + = 1.5，AA = 2，AA - = 2.5

三　流动性测量

（一）Amihud 测度

在 Kyle（1985）提出的流动性概念的基础上，Amihud（2002）

提出了一种流动性的测量方法，这种方法最初应用于股票市场，之后在各个研究领域得到了广泛的应用。它测量了交易对价格的影响，价格变化用收益率来衡量，交易使用交易量衡量，Amihud 测度的计算方法如下：

$$Amihud_t = \frac{1}{N_t}\sum_{j=1}^{N_t}\frac{|r_j|}{Q_j} = \frac{1}{N_t}\sum_{j=1}^{N_t}\frac{\left|\frac{P_j - P_{j-1}}{P_{j-1}}\right|}{Q_j} \quad (6-1)$$

对于每只债券来说，r_j 是每日的收益率，P_j 是当天的收盘价，P_{j-1}是当天的开盘价，Q_j 是每日的交易量（用千万元来表示），N_t 是每月交易的天数，我们定义每月的 Amihud 测度为每日流动性测量的均值。Amihud 测度的值越大，说明交易金额对价格变化影响程度越大，一个较小的交易金额就可以引起价格大幅波动，因此流动性越差。

（二）买卖价差

买卖价差是对交易成本的衡量，计算方法比较简单，用债券市场的买方报价和卖方报价之差来计算。由于交易所债券市场是指令驱动市场，没有做市商的买方和卖方报价，因此使用一天交易的最高价和最低价来表示。具体计算方法如下：

$$Bid - ask\ Spread = \frac{P_{\max} - P_{\min}}{(P_{\max} + P_{\min})/2} \quad (6-2)$$

其中，$P_{\max}$是一天债券交易的最高价，$P_{\min}$是一天债券交易的最低价，我们首先根据每天的价格计算买卖价差，其次取均值计算每月的买卖价差。

（三）Roll 测度

这种方法是由 Roll（1984）提出的，认为在特定的假设条件下，相邻的价格变化可以用来估计有效买卖价差，价格变化可以认为是连续负相关的，并且价格变化的协方差可以作为债券交易成本的代表量，也就是说，可以用来衡量流动性的大小。准确地说，Roll 测度可以按照下面的公式来计算：

$$Roll_t = 2\sqrt{-\operatorname{cov}(\Delta p_t,\ \Delta p_{t-1})} \quad (6-3)$$

Δp_t 是从 $t-1$ 日到 t 日的价格变化量，我们使用每个交易日的收盘价来计算价格的变化，并使用21个交易日作为一个滚动窗来计算每日的Roll测度，在每一个事件窗内至少要有四个交易。删除了协方差是负值的观测值，首先计算每个交易日的Roll测度，再对每月中每个交易日取均值从而得到月度流动性测量值。

（四）换手率（Turnover）

通常情况下我们认为交易频繁的资产的流动性要高于交易稀少的资产，因此我们在测量流动性时还使用了换手率。计算方法为：

$$Turnover_t = \frac{Total\ trading\ volume_t}{Amount\ outstanding} \tag{6-4}$$

其中，t 代表月份，用每月总交易量与发行量的比值来表示，我们可以将换手率的倒数看作一只债券的平均持有时间，例如，如果换手率等于1意味着平均持有时间为1个月。

（五）零交易日（Zero Trading Days）

按照Dick - Nielsen等（2009），我们加入了零交易日作为流动性测量的变量，零交易日定义为债券没有交易的天数，我们计算的债券零交易日（bond zero - trading days），是指一个月当中债券没有交易的天数占每月总天数的比率。我们还计算了公司零交易日（firm zero - trading days），是指一个月当中该发行债券公司债券没有交易的百分比。很明显，公司零交易日是一个以公司为特征的流动性变量，对于同一公司发行的不同债券，这个测量值是相同的。

四 模型构建

根据以上定义的变量，我们使用Friewald等（2010）的时间序列模型，如下：

$$Yield\ Spread_{it} = \alpha_0 + \alpha_1 Credit\ Rating_{it} + \beta\ Bond\ Characteristics_{it} + \gamma Trading\ Activity\ Variables_{it} + \lambda Liquidity\ Measures_{it} + \varepsilon_{it} \tag{6-5}$$

其中，α_0 是截距项，α_1、β、γ、λ 是被解释变量的系数，ε_{it} 是残差项。我们使用的数据是每只债券的月度平均数据，交易量和发行量我们使用的是取对数之后的数据。

第三节　研究假设

基于以上的研究思路和研究方法，在公司债券流动性效应的研究中需要检验一些假设条件，我们对提出的研究假设做一个简单的介绍：

假设1：流动性是一个重要的定价因素。

我们研究的目的就是为了确定在中国的公司债券市场中流动性是否被定价，即流动性因素对公司债券价差的影响是不是显著的。

假设2：信用等级越高，债券流动性越强。

我们研究的另一个问题是债券的信用风险是否对流动性有一定的影响，在论文中我们逐一分析了各个信用等级债券的流动性，并进行了比较，从而找到流动性和信用风险之间的相互作用关系。

假设3：金融行业公司债券流动性更强。

我们还研究了行业是否对公司债券流动性产生影响，只研究金融行业公司和非金融行业公司，分析两类公司发行债券的流动性有什么区别。

假设4：交易规模越小，流动性越高。

我们比较了小规模交易（retail trading）和大规模交易（institutional trading）的流动性定价情况，我们认为小规模交易频率高，因此比大规模交易的流动性要高。

第四节　实证分析

一　描述性统计

在这一部分，我们对文中使用的变量进行了描述性统计。表6－2、表6－3分别给出了各个变量的百分位数分布情况。

如表6－2所示，给出了回归方程中的被解释变量、债券特征变量和交易行为变量的描述性统计。公司债券价差从最小值0.24变化到99分位值为7.20，相差29倍，说明价差的变化非常大，价差不同受到流动性的影响也不同，在之后的内容中会详细地分析。发行量的单位是亿元，并对其取对数，可以看出我国公司债券的发行量偏小，大部分发行量在10亿元以下，仅有11只债券的发行量在40亿元以上。公司债券息票率的平均水平在6%左右，这个数值是比较合理的，另外没有零息债券，全部是付息债券。从剩余到期时间的数据来看，公司债券的剩余到期时间相差比较大，到期时间长的达到15年左右，短的在1年左右，但是债券的发行时间不长，大部分剩余到期时间集中在5—6年。从期限的数值来看，公司债券的期限比较短，最长的超不过3年，最短的还不到一个月，这仍然说明大部分都是最近两年发行的，公司债券的发展才刚刚起步。交易量的单位是10万元，并取对数，从得出的数值来看，存在交易量较小、交易不够活跃的特点，这说明我国公司债券的流动性不足，在之后我们会对流动性和交易量的影响进行详细的分析。交易的间隔时间同样说明交易稀少、间隔时间比较长，最长的间隔时间大约两个月，最短的只有1天，而平均值在一周左右。

表6-2　　变量描述性统计

	Yield Spread	*Issue size*	*Coupon*	*Maturity*	*Age*	*Trade volume*	*Trade interval*
99th	7.20	4.25	8.50	14.90	2.81	8.78	63.29
95th	6.23	3.56	7.79	9.52	2.57	7.87	25.24
75th	4.01	3.00	6.80	5.76	1.61	5.92	6.68
50th	2.43	2.48	6.00	4.80	0.86	3.66	3.04
25th	1.66	2.20	5.35	3.69	0.37	1.39	1.75
5th	0.73	1.57	4.47	2.67	0.14	1.02	1.46
1st	0.24	1.10	3.75	1.06	0.08	0.53	1.00
均值	2.90	2.53	6.06	5.70	0.96	3.53	6.81
标准差	1.82	0.62	1.03	2.02	0.80	2.90	10.89

资料来源：根据国泰安数据计算整理。

如表6－3所示，*Amihud* 测度的中位值为0.0053，说明交易量为1000万元的交易对债券价格的影响大约为0.53%，这是公司债券流动性的中位值水平，总的来说，我国公司债券流动性较低，*Amihud* 测度计算值的变化非常大，从0增大到10.4036。买卖价差表示交易成本的均值为0.0063，对于流动性最强的5%债券来说，交易成本小于0.01%，对于大部分公司债券来说，交易成本是比较适中的。另一个代表交易成本的量是Roll测度，从表中可以看出，Roll测度计算的有效价差的中位值为0.4057，高于使用最高价和最低价计算的买卖价差，均值为0.6548，差不多是买卖价差的100倍。换手率的中位值为0.4980，说明对于样本中中间位置的债券来说，它的平均持有时间为2个月。债券零交易日的中位值为56.74%，说明我国公司债券流动性不足，公司零交易日的中位值为50.47%，说明尽管一只债券可能交易并不频繁，但是发行债券的公司可能也有债券在进行交易。

表6－3　　　　流动性变量描述性统计

	Amihud	*Bid－ask Spread*	*Roll*	*Turnover*	*Bond zero*	*Firm zero*
99th	10.4036	0.0732	7.4392	19.0389	0.9667	0.9546
95th	3.6745	0.0257	4.1654	8.7653	0.9048	0.8963
75th	0.0966	0.0064	0.7706	3.5729	0.7566	0.7453
50th	0.0053	0.0024	0.4057	0.4980	0.5674	0.5047
25th	0.0002	0.0001	0.2135	0.0139	0.4565	0.4089
5th	0.0000	0.0000	0.1079	0.0002	0.3488	0.2786
1st	0.0000	0.0000	0.0056	0.0000	0.2540	0.2055
均值	0.5633	0.0063	0.6548	3.9263	0.6077	0.5546
标准差	1.7540	0.0136	1.2744	8.3443	0.6486	0.7032

资料来源：根据国泰安数据计算整理。

表6－4给出了流动性变量的相关矩阵，根据月度数据计算的结果显示，流动性的几个代表量，*Amihud* 和买卖价差、*Roll* 和换手率

之间是正相关关系，相关系数分别为0.23、0.15和0.19，与买卖价差的相关性最强，而*Amihud*和债券零交易日、公司零交易日之间是负相关关系，相关系数为-0.06和-0.08。与*Amihud*一致，买卖价差和债券零交易日、公司零交易日也是负相关关系，相关系数都是-0.05。总的来看，流动性变量之间的相关性是比较低的，从概念上来说，流动性变量之间有一定的关系，但是它们都测量了流动性的不同方面，因此针对单只债券的时间序列变化测量的流动性指标都具有各自的变化特点，相互之间的影响较小。

表6-4　流动性变量的相关矩阵

	Amihud	*Bid-ask Spread*	*Roll*	*Turnover*	*Bond zero*	*Firm zero*
Amihud	1.00					
Bid-ask Spread	0.23	1.00				
Roll	0.15	0.12	1.00			
Turnover	0.19	-0.14	0.06	1.00		
Bond zero	-0.06	-0.05	0.20	0.05	1.00	
Firm zero	-0.08	-0.05	0.16	0.06	0.52	1.00

二　模型回归结果

在这一节当中，我们分析了流动性变量、债券特征变量、交易行为变量和信用风险变量对公司债券价差的影响程度，根据我们计算出来的月度数据，按照模型（6-5）运行回归，我们分别运行了四个回归方程，第一个回归的解释变量只包括流动性测量值和信用风险，不包括债券特征变量和交易行为变量，第二个回归包括债券特征变量和信用风险，不包括流动性变量和交易行为变量，第三个回归包括交易行为变量和信用风险，不包括流动性变量和债券特征变量，第四个回归包括所有变量。这样进行回归的目的是为了确定各类变量解释力的强弱，如表6-5所示，给出了四个回归方程的结果。

表 6－5 多元回归分析结果

	(1)	(2)	(3)	(4)
Intercept	0.0572*** (4.2034)	0.0688*** (5.1268)	0.0763*** (5.9874)	0.0536*** (4.1937)
Amihud	0.0479*** (3.9875)			0.0409*** (3.6530)
Bid－Ask Spread	0.0647*** (4.8735)			0.0574*** (4.2073)
Roll	0.0355** (2.3876)			0.0244* (1.8738)
Turnover	－0.0258* (－1.89)			－0.0266* (－1.9233)
Bond zero	－0.0054 (－1.0677)			－0.0048 (－1.0528)
Firm zero	－0.0176 (－1.6257)			－0.0145 (－1.5876)
Issue size		0.0517*** (4.1433)		0.0466*** (3.7849)
Coupon		－0.0746*** (5.7856)		－0.0690*** (5.2437)
Maturity		－0.0427*** (3.6876)		－0.0321** (2.2577)
Age		0.0134 (1.5743)		0.0103 (1.5436)
Industry		0.0364** (2.5579)		0.0360** (2.4566)
Trade volume			0.0506*** (4.0333)	0.0473*** (3.9564)
Trade interval			－0.0367** (2.5596)	－0.0361** (2.4649)
Credit rating	－0.0253 (－1.8863)	－0.0289 (－1.9743)	－0.0308 (－2.0039)	－0.0337 (－2.3104)
R^2	0.2840	0.2938	0.3044	0.2756

注：*表示在10%水平下显著，**表示在5%水平下显著，***表示在1%水平下显著。括号内数字代表t值大小。

表 6－5 给出了每个变量的系数，括号里是相对应的 t 值。方程（1）是公司债券价差和流动性变量的回归，可以看出，在解释公司债券价差方面，Amihud 和买卖价差的显著性最强，买卖价差的显著性还要高于 Amihud，它的 t 值最大。Roll 测度虽然对于公司债券价差也有一定的解释能力，但是明显要低于 Amihud 和买卖价差，换手率的显著性比较低，解释力不强。债券零交易日和公司零交易日没有显著性，对公司债券价差的变化没有影响力和解释力。

方程（2）当中只包括债券特征变量和信用风险变量，没有包括流动性变量和交易行为变量。从回归的结果可以看出，发行规模、息票率和剩余到期时间的影响都是显著的，其中息票率的解释能力最强，系数的负号表示息票率越高，流动性越低，因此对公司债券价差的影响力也就越小，这和我们之前的预期是一致的。发行规模对公司债券价差的影响是正向的，发行规模越大，流动性越大；剩余到期时间越长，流动性越弱，这是由于期限越长的债券大部分被长期投资者所持有，它们的交易并不活跃。从回归结果中还可以看出，债券的期限变量并不显著，这可能是由于我国公司债券刚刚起步，债券的期限类型较少，大部分的期限在 5—6 年，高于 10 年期的债券非常少，另外大部分债券的存续期限只有 3—4 年，因此在交易初期债券价差受到期限的影响不显著。另外行业因素，在这里只代表债券的发行公司是不是金融行业，从表中的回归结果可以看出，这个因素的显著性不强，这可能是因为，近几年来金融行业发行公司债券的比重大幅度降低，2008 年金融行业发行的公司债券占总发行量的 42.93%，此后这一比率在逐年减少，2011 年金融行业发行的公司债券仅占总发行量的 8.07%，因此这个因素对于公司债券价差的解释力不强。

方程（3）是公司债券价差对交易行为变量和信用风险变量的回归，两个代表交易行为的变量——交易量和交易间隔时间都是显著的，但是交易量的显著性更强。我国公司债券的交易并不活跃，交易的间隔时间普遍较长，从我们根据数据统计的结果来看，2011 年，交易间隔时间最长的达到 96 天，交易的稀少，导致流动性降低，对价差的解释力不强。

方程（4）包括了前面提到的所有变量，即流动性变量，债券特征变量，交易行为变量和信用风险变量，总的来说，方程（4）的结果和前面三个回归结果是一致的。从流动性变量的显著性来看，仍然是 Amihud 测度和买卖价差的解释能力最强，Roll 测度和换手率的解释能力比较弱，债券零交易日和公司零交易日没有解释力。债券特征因素的显著性和方程（2）基本一致，发行量和息票率的显著性最强，剩余到期时间的解释能力有所下降，这可能是受到交易量等变量的影响，另外债券的期限仍然没有显著性。交易行为因素的显著性也和之前的回归结果一致，交易量有最强的解释能力，交易间隔时间次之。

从四个回归方程的结果可以看出，流动性对公司债券价差的影响是显著的，即我国存在公司债券流动性溢价，尤其是 Amihud 测度和买卖价差表现出来很强的显著性。但是四个方程存在的一个突出问题是，信用风险变量即信用等级是不显著的，说明在我国信用等级的高低对于债券的价差没有什么影响，我们认为导致这种现象的原因主要是：第一，我国公司债券评级不够真实，债券信用等级普遍偏高；第二，没有 A 级债券存在，更没有投机型债券，AA - 级债券只有 4 只。从四种类型的变量横向比较来看，交易行为变量的模型拟合度最高为 30.44%，其次为债券特征因素，这说明交易行为变量对公司债券价差的解释能力最强。当回归方程中包括所有的变量时，模型的拟合度降低为 27.56%。

三 分组分析

在这部分当中，我们对选取的公司债券样本进行分组，再分析公司债券价差的变化特征。首先按照债券的信用等级进行分组，分为 AAA 级和 AA 级，AA 级中包括 AA + 级、AA 级和 AA - 级；其次按照债券的发行公司分为金融行业债券和非金融行业债券；最后按照债券的平均交易量来分组，如果某只债券的日平均交易量在 500 万元以下，定义为小规模交易债券，日平均交易量在 500 万元以上的定义为大规模交易债券。对分组后的样本进行式（6 - 5）回归，并比较回归之后的结果。

（一）按信用等级分组

首先，按照信用等级对选取的样本债券进行分组，AAA 级债券分为一组，AA 级、AA + 级和 AA – 级分为一组。表 6 – 6 给出了分组后各组变量的均值和标准差。

表 6 – 6　　　变量描述性统计（按信用等级划分样本）

	AAA 级		AA 级	
	均值	标准差	均值	标准差
Yield Spread	1.58	1.16	2.30	1.40
Issue size	2.98	0.70	2.39	0.52
Coupon	5.19	0.75	6.38	0.91
Maturity	5.27	2.80	5.06	1.84
Age	1.12	0.95	0.90	0.74
Trade volume	1.33	2.21	3.84	2.36
Trade interval	8.68	12.91	6.13	9.99

从表中的描述性统计结果可以看出，AAA 级债券的价差要小于 AA 级债券，这和我们的估计是一致的，即债券面临的信用风险越高，需要的交易成本越大，要求的风险补偿越高。债券的发行量单位是 10 亿元，并取对数，AAA 级债券的发行量要大于 AA 级，说明信用等级越高的债券发行难度越小。AAA 级债券的息票率小于 AA 级，说明债券面临的信用风险越高，需要的收益补偿越大。两组债券的剩余到期时间差别不大，AAA 级债券比 AA 级债券略高一点，这说明我国公司债券的剩余到期时间大部分集中在 5 年左右，信用等级对其影响不大。比较两组债券的期限可以看出，总的来说两组债券的期限都比较短，AAA 级债券的期限比 AA 级债券略高一点。交易量单位是十万元，并取对数，比较两组债券的交易量可以看出，AA 级债券的平均交易量要大于 AAA 级债券，说明 AA 级债券的发行量虽然较小，但是流动性却更强。在交易间隔时间数据上这一点也得到了证实，AA 级债券的交易间隔时间为 6.13 天，小于

AAA 级债券交易间隔时间 8.68 天，所以 AA 级债券的流动性更强。

如表 6－7 所示，对信用等级划分的两部分样本分别计算各个流动性变量，表中给出了每个流动性变量的均值和标准差。比较几个流动性变量的数值可以看出，除了买卖价差之外，其他流动性变量的计算数值都表现出 AA 级债券的流动性要高于 AAA 级债券。AAA 级债券的 Amihud 测度均值为 1.21，高于 AA 级债券均值 0.41，AA 级债券的流动性较高；AAA 级债券的 Roll 测度均值为 0.51，小于 AA 级债券均值 0.80；AAA 级债券换手率的均值为 2.55，小于 AA 级债券均值 5.73。因此从流动性变量的计算结果上来看，AA 级债券的流动性高于 AAA 级债券，这与我们的研究假设是不一致的，原因是我国债券信用评级的不科学、信用等级不准确所造成的。

表 6－7　　流动性变量描述性统计（按信用等级划分样本）

	AAA 级		AA 级	
	均值	标准差	均值	标准差
Amihud	1.2088	1.3047	0.4059	1.3678
Bid－ask Spread	0.0043	0.2349	0.0084	0.3042
Roll	0.5073	1.0402	0.8002	1.5443
Turnover	2.5463	6.8849	5.7306	9.0074
Bond zero	0.7640	1.4567	0.5534	1.6835
Firm zero	0.6844	1.3216	0.4834	0.6977

如表 6－8 所示，方程（1）和方程（2）分别是 AAA 级债券和 AA 级债券按照式（6－5）的多元回归结果。从结果可以看出，两个方程的流动性变量显著性不强。方程（1）中显著的流动性变量有 Amihud 测度、买卖价差和换手率，其中 Amihud 测度和买卖价差只在 5% 的置信水平下显著，换手率在 10% 的置信水平下显著。方程（2）的流动性变量的解释能力基本和方程（1）一致，只有买卖价差的显著性稍高，在 1% 的置信水平下显著。另外两个流动性变量债券零交易日和公司零交易日在两个方程中都不显著，这和表 6－4 的回归结果是一致的。对两个方程的债券特征变量进行比较，我

表 6－8　　按信用等级分组回归结果

	(1)	(2)
Intercept	0.0744*** (6.4382)	0.0651*** (4.9459)
Amihud	0.0366** (2.4475)	0.0304** (2.0039)
Bid－Ask Spread	0.0313** (2.1322)	0.0385*** (2.5801)
Roll	0.0232 (1.3309)	0.0264 (1.4836)
Turnover	－0.0289* (－1.6523)	－0.0299* (－1.8812)
Bond zero	－0.0120 (－1.0021)	－0.0133 (－1.0162)
Firm zero	－0.0184 (－1.4547)	－0.0205 (－1.5088)
Issue size	0.0433*** (2.8677)	0.0521*** (3.0408)
Coupon	－0.0577*** (3.3359)	－0.0537*** (3.4865)
Maturity	－0.0279* (－1.6344)	－0.0360** (2.4255)
Age	0.0177 (1.3328)	0.0190 (1.3577)
Industry	0.0204 (1.1165)	0.0258 (1.4572)
Trade volume	0.0566*** (3.4325)	0.0574*** (3.4764)
Trade interval	－0.0261* (1.5509)	－0.0255* (1.5329)

注：*表示在10%水平下显著，**表示在5%水平下显著，***表示在1%水平下显著。括号内数字代表t值大小。

们发现债券的发行量和息票率是两个显著性因素，剩余到期时间的显著性不强，在方程（2）中剩余到期时间在5%的水平下显著，方程（1）中剩余到期时间仅在10%水平下显著。另外，债券期限和行业因素是不显著的。接下来再比较两个方程中交易量因素的解释能力，交易量在两个方程中都是显著的，并且有很强的解释能力，交易间隔时间仅在10%的水平下显著，解释能力不强。

总的来说，流动性因素、债券特征因素和交易行为因素在两个方程中的显著性比较一致，方程（2）的显著性要高于方程（1），这说明各个因素对AA级债券的影响更大。我们的实证结果表明，AA级债券的流动性大于AAA级债券，即债券面临的信用风险越大，流动性也越大，这与我们的研究假设是不一致的，导致这种结果的原因是：信用等级越高的债券面临的违约风险越小，因此越容易被长期投资者所购买和持有，因此流动性越低；信用等级低的债券给予投资者的收益补偿越高，越容易被个人或小投资者所持有，所以流动性相应地越高。

（二）按行业分组

在这一部分我们对债券样本按照发行公司的行业分组，为了考察金融行业因素是否对债券的流动性有一定的影响，行业划分只是按照金融行业和非金融行业划分，划分之后金融行业债券有73只，其他的非金融行业债券有243只。接下来我们比较了两组样本的各个变量，并对两组样本分别进行了回归。

表6－9给出了按行业划分样本之后各变量的描述性统计，从表中的结果可以看出，金融行业公司发行债券的价差的均值要大于非金融行业，即金融行业的平均交易成本更大，对投资者的收益补偿也越高。债券的发行量单位是10亿元，并取对数，金融行业公司债券发行量均值为2.61，比非金融行业发行量略高。比较金融行业和非金融行业公司债券的息票率，前者均值大于后者，说明金融行业发行的公司债券收益率更高。比较两组债券的剩余到期时间，金融行业债券的平均剩余到期时间为4.34年，低于非金融行业的平均剩余到期时间5.34年，根据前面的分析我国公司债券的剩余到期时间

大部分集中在5年左右，而金融行业债券的剩余到期时间较短。比较金融行业公司债券和非金融行业公司债券的期限，我们可以看出，两组债券的期限都比较短，金融行业公司债券的平均期限比非金融行业略高。交易量单位是10万元，并取对数，比较两组债券的交易量可以看出，金融行业公司债券的平均发行量要大于非金融行业，说明金融行业公司债券的流动性更强。在交易间隔数据上这一点也得到了证实，金融行业债券的交易间隔时间为5.51天，小于非金融行业债券交易间隔时间7.35天，因此金融行业债券的流动性更强。

表6-9　　变量描述性统计（按行业划分样本）

	金融行业		非金融行业	
	均值	标准差	均值	标准差
Yield Spread	3.15	1.68	2.79	1.87
Issue size	2.61	0.52	2.51	0.65
Coupon	6.42	0.94	5.97	1.03
Maturity	4.34	2.15	5.34	2.07
Age	1.05	0.78	0.92	0.81
Trade volume	1.83	2.85	0.86	2.88
Trade interval	5.51	10.53	7.35	11.01

如表6-10所示，对按行业划分的两部分样本分别计算各个流动性变量，分为金融行业和非金融行业，表中给出了每个流动性变量的均值和标准差。比较几个流动性变量的数值可以看出，金融行业债券流动性要高于非金融行业。金融行业债券的Amihud测度均值为0.51，低于非金融行业的均值1.19，金融行业债券的流动性较高；金融行业债券的Roll测度均值为0.84，大于非金融债券均值0.49，金融行业债券换手率的均值为6.03，大于非金融行业债券均值2.31。比较债券零交易日和公司零交易日数据，金融行业的零交易日比重较低，因此从流动性变量的计算结果上来看，金融行业发

行债券的流动性高于非金融行业债券，这与我们的研究假设是一致的，说明我国金融行业债券收益高、投资风险小、流动性也更强。

表 6－10　　流动性变量描述性统计（按行业划分样本）

	金融行业		非金融行业	
	均值	标准差	均值	标准差
Amihud	0.5133	1.2644	1.1876	1.3725
Bid－ask Spread	0.0048	0.2764	0.0076	0.3166
Roll	0.8435	1.6673	0.4872	1.3329
Turnover	6.0264	9.5734	2.3129	6.5422
Bond zero	0.4127	1.4524	0.6930	1.7865
Firm zero	0.4037	1.4153	0.6728	1.5438

如表 6－11 所示，方程（1）和方程（2）分别是金融行业公司债券和非金融行业公司债券按照式（6－5）的多元回归结果。从结果可以看出，两个方程的流动性变量显著性比较强。方程（1）中显著的流动性变量有 Amihud 测度、买卖价差、Roll 测度和换手率，其中 Amihud 测度和买卖价差只在 1% 的置信水平下显著，Roll 测度和换手率在 5% 的置信水平下显著。方程（2）的流动性变量的解释能力低于方程（1），Amihud 测度在 1% 水平下显著，买卖价差在 5% 水平下显著，Roll 测度和换手率只在 10% 的水平下显著。另外两个流动性变量债券零交易日和公司零交易日在两个方程中都不显著，这和表 6－4 的回归结果是一致的。对两个方程的债券特征变量进行比较，我们发现债券的发行量、息票率和剩余到期时间都是显著性因素，但发行量、息票率的显著性更强，在 1% 水平下显著，剩余到期时间只在 5% 水平下显著。另外，债券期限和信用等级因素是不显著的，这和之前回归的结果是一致的。接下来再比较两个方程中交易量因素的解释能力，交易量在两个方程中都是显著的，并且有很强的解释能力，交易间隔时间仅在 10% 的水平下显著，解释能力不强。

表 6－11　　按行业分组回归结果

	(1)	(2)
Intercept	0.0626 *** (5.0543)	0.0577 *** (4.8064)
Amihud	0.0504 *** (4.0032)	0.0486 *** (3.9866)
Bid－Ask Spread	0.0425 *** (3.7747)	0.0337 ** (2.4301)
Roll	0.0289 ** (2.2479)	0.0213 * (1.7684)
Turnover	－0.0274 ** (－2.1023)	－0.0201 * (－1.6534)
Bond zero	－0.0189 (－1.5824)	－0.0153 (－1.4492)
Firm zero	－0.0178 (－1.5426)	－0.0156 (－1.4562)
Issue size	0.0522 *** (4.0356)	0.0535 *** (4.1689)
Coupon	－0.0566 *** (4.4876)	－0.0557 *** (4.3179)
Maturity	－0.0326 ** (－2.1273)	－0.0337 ** (2.2743)
Age	0.0126 (1.3024)	0.0139 (1.3148)
Credit rating	0.0163 (1.4876)	0.0177 (1.5238)
Trade volume	0.0526 *** (4.0573)	0.0534 *** (4.0634)
Trade interval	－0.0221 * (1.8754)	－0.0215 * (1.7639)

注：* 表示在 10% 水平下显著，** 表示在 5% 水平下显著，*** 表示在 1% 水平下显著。括号内数字代表 t 值大小。

总的来说，流动性因素、债券特征因素和交易行为因素在两个方程中的显著性比较一致，方程（1）的显著性要高于方程（2），这说明各个因素对金融行业债券的影响更大，尤其是流动性变量在金融行业债券中的显著性更强。实证结果表明，金融行业债券的流动性大于非金融行业债券，这与研究假设是一致的。

（三）按交易量分组

在这一部分对债券样本按照平均交易量来分组，债券的日平均交易量在500万元以下，定义为小规模交易债券，日平均交易量在500万元以上的定义为大规模交易债券。接下来比较了两组样本的各个变量，并对两组样本分别进行了回归。

表6－12给出了按交易量划分样本之后各变量的描述性统计，从表中的结果可以看出，小规模债券的价差均值2.92稍微大于大规模债券价差均值2.88，说明小规模债券对投资者的收益补偿稍高。债券的发行量单位是10亿元，并取对数，小规模公司债券发行量均值为2.46，大规模公司债券发行量略低。比较小规模公司债券和大规模公司债券的息票率，前者均值小于后者，说明大规模公司债券收益率更高。比较两组债券的剩余到期时间，小规模债券的平均剩余到期时间为5.06年，低于大规模债券的平均剩余到期时间5.19，根据前面的分析我国公司债券的剩余到期时间大部分集中在5年左右，而小规模债券的剩余到期时间较短。比较小规模公司债券和大规模公司债券的期限，可以看出，两组债券的期限都比较短，小规模公司债券的平均期限比大规模公司债券略高。小规模债券的交易间隔时间为6.24天，小于大规模债券交易间隔时间7.96天，因此小规模债券的流动性更强。

表6－12　　变量描述性统计（按交易量划分样本）

	小规模债券		大规模债券	
	均值	标准差	均值	标准差
Yield Spread	2.92	1.82	2.88	1.81
Issue size	2.46	0.55	2.63	0.69
Coupon	5.99	0.96	6.19	1.09
Maturity	5.06	2.06	5.19	2.22
Age	1.01	0.81	0.87	0.78
Trade interval	6.24	9.63	7.96	13.00

如表 6 – 13 所示，对按交易规模划分的两部分样本分别计算各个流动性变量，分为小规模债券和大规模债券，表中给出了每个流动性变量的均值和标准差。比较几个流动性变量的数值可以看出，小规模债券流动性要高于大规模债券。小规模债券的 Amihud 测度均值为 0.61，低于大规模债券的均值 1.05，小规模债券的流动性较高；小规模债券的 Roll 测度均值为 0.71，大于大规模债券均值 0.50，小规模债券换手率的均值为 5.98，大于大规模债券均值 2.57。比较债券零交易日和公司零交易日数据，小规模债券的零交易日比重较低，因此从流动性变量的计算结果上来看，小规模债券的流动性高于大规模债券，这与研究假设是一致的，说明我国小规模交易债券由于交易规模较小，因此交易更加频繁，流动性也更强。

表 6 – 13　　流动性变量描述性统计（按交易量划分样本）

	小规模债券		大规模债券	
	均值	标准差	均值	标准差
Amihud	0.6123	1.3455	1.0458	1.6382
Bid – ask Spread	0.0052	0.3019	0.0081	0.3528
Roll	0.7096	1.5432	0.5022	1.0455
Turnover	5.9823	8.7523	2.5721	5.6729
Bond zero	0.4319	1.2761	0.7026	1.8426
Firm zero	0.4231	1.2144	0.6624	1.7523

如表 6 – 14 所示，方程（1）和方程（2）分别是小规模公司债券和大规模公司债券按照式（6 – 5）的多元回归结果。从结果可以看出，两个方程的流动性变量显著性比较强。方程（1）中显著的流动性变量有 Amihud 测度、买卖价差、Roll 测度和换手率，其中 Amihud 测度和买卖价差在 1% 的置信水平下显著，Roll 测度和换手率在 10% 的置信水平下显著。方程（2）的流动性变量的解释能力低于方程（1），Amihud 测度和买卖价差在 1% 水平下显著，Roll 测

表 6－14　　按交易规模分组回归结果

	(1)	(2)
Intercept	0.0732 *** (5.2896)	0.0594 *** (4.8534)
Amihud	0.0536 *** (4.0157)	0.0522 *** (3.8924)
Bid－Ask Spread	0.0433 *** (3.6572)	0.0455 *** (3.6621)
Roll	0.0235 * (1.9523)	0.0226 * (1.8502)
Turnover	－0.0218 * (－1.7093)	－0.0203 (－1.6327)
Bond zero	－0.0193 (－1.6028)	－0.0187 (－1.5792)
Firm zero	－0.0184 (－1.5722)	－0.0175 (－1.4329)
Issue size	0.0558 *** (4.3172)	0.0535 *** (3.9012)
Coupon	－0.0532 *** (3.8263)	－0.0537 *** (3.9127)
Maturity	－0.0314 ** (－2.2074)	－0.0322 ** (－2.2743)
Age	0.0200 (1.6322)	0.0182 (1.5765)
Credit rating	0.0173 (1.5529)	0.0165 (1.5102)
Trade interval	－0.0246 ** (2.0043)	－0.0228 * (1.8677)

注：* 表示在 10% 水平下显著，** 表示在 5% 水平下显著，*** 表示在 1% 水平下显著。括号内数字代表 t 值大小。

度在10%的水平下显著。另外两个流动性变量债券零交易日和公司零交易日在两个方程中都不显著，这和表6－4的回归结果是一致的。对两个方程的债券特征变量进行比较，我们发现债券的发行量、息票率和剩余到期时间都是显著性因素，但发行量、息票率的显著性更强，在1%水平下显著，剩余到期时间只在5%水平下显著。另外，债券期限和信用等级因素是不显著的，这和之前回归的结果是一致的。接下来再比较两个方程中交易间隔时间的解释能力，方程（1）中交易间隔时间均显著，具有一定的解释能力。

总的来说，流动性因素、债券特征因素和交易行为因素在两个方程中的显著性比较一致，方程（1）的显著性要高于方程（2），这说明各个因素对小规模债券的影响更大，尤其是流动性变量在小规模债券中的显著性更强。实证结果表明，小规模债券的流动性大于大规模债券，这与研究假设是一致的。

第五节　小结

本章主要研究了我国公司债券是否存在流动性溢价，即流动性是不是影响资产定价的因素，并且按照信用等级、行业和交易规模对债券样本进行了分组讨论。得到以下结论：

第一，我国公司债券存在显著的流动性溢价。根据以上的实证分析结果可以看出，流动性是影响我国公司债券定价的显著因素，尤其是Amihud测度和买卖价差是两个显著性最强的流动性变量，Roll测度和换手率的显著性较弱，债券零交易日和公司零交易日在任何情况下都是不显著的。

第二，信用风险不是影响公司债券价差的显著性因素。根据上面的分析结果可以看出，信用等级在总样本中不是显著性因素，按照信用等级分组进行回归的结果也并不显著，这说明在各种分析条件下信用等级都不是一个有效性因素。我们认为这可能是由于我国信用评级行业不健全、信用评级过程不科学所造成的。

我国公司债券存在流动性溢价的原因主要有：

第一，这与我国公司债券市场信息披露的不及时、不充分、不持续有关。由于我国公司债券市场起步较晚，发展也不成熟，信息披露不尽如人意，投资者无法获得该企业的真实状况，使得投资分析变得十分困难。同时，我国公司债券在发行时有明确的信息披露规定，但是发行后却没有统一的、详细的持续性信息披露要求，使得投资者难以正确地评估债券的价值和风险，做出合理的投资决策。

第二，这与我国公司债券市场低透明评级有关。我国企业发行的公司债券都是经过政府严格的审批，评级机构从事的是几乎没有风险的评级业务，此时评级机构面临利益竞争，道德风险和违规行为时有发生，往往无法形成公正的信用评级。而且目前全球市场上的评级机构普遍采用发行人付费的模式，导致评级机构依据发行人意愿出具评级报告，延迟评级信息披露等，造成评级结果不一定有价值。次贷危机的爆发，暴露了企业的真实状况，造成公司债券市场流动性发生较大变化，危机后流动性溢价水平显著高于危机之前水平。但是相比发达的国外公司债券市场，我国公司债券的流动性溢价仍是比较低的，究其原因是我国公司债券市场流动性不足。2008 年以后，公司债券市场的发行规模、换手率等与国债持平甚至是超过国债，可见我国公司债券市场不够活跃、市场深度不高、流动性不足的现象得到了初步的改善，但是与股票融资相比，流动性远远不足。

第七章　结论与政策建议

第一节　主要结论

传统的资产定价理论在考虑影响证券收益因素时假定在一个理想的状态下，并没有考虑到交易成本，现实中交易成本是无处不在的，最突出的交易成本就是流动性，因此流动性对资产定价的影响是一个值得深入探讨的课题。我国债券市场虽然起步较早，但是期初发展处在停滞状态，近几年才加快发展速度，公司债券作为股份有限公司的一种融资工具，有收益高、风险大的特点，因此应该成为金融市场一种重要的投融资方式。然而，现实中公司债券的发行和交易都远远低于股票，市场的活跃程度不高，公司债券作为一种融资工具的特性并没有体现出来。因此本书以我国上海证券交易所和深圳证券交易所上市的公司债券作为研究对象，首先采用多种流动性指标测度了流动性的大小，其次分析了影响流动性的因素，最后研究了流动性对资产定价的影响，即我国公司债券是否存在显著的流动性溢价。通过前文的理论分析和实证研究，得到以下结论：

一　关于流动性水平的结论

我国公司债券的流动性水平偏低，参与债券融资的公司寥寥无几。第一，市场发行量较少，2007 年我国仅有 5 只债券在上海证券交易所发行，近几年来尽管有一些公司上市发行公司债券，但是发行量仍然不大，公司发行规模普遍在 10 亿元以下。第二，交易量不足，尽管一些公司发行了公司债券，但是并没有作为融资工具积极运作，我们发现很多公司债券日均交易量还不足100万元。第三，交易频率过低，公司债券在发行后并没有体现融资投资价值，交易的间隔时间过长，一年中只有半年或一个季度是有交易的，2011年，一年交易天数在200天以上的仅有20只债券，这一年市场中共有321只债券，按这个比例来算，交易频率高的债券只有6%。

二　关于流动性影响因素的结论

通过对公司债券流动性影响因素的实证分析，得出以下结论：

（1）债券的发行规模越大，流动性越小。从理论上来讲，债券的发行量应该和流动性成正比，但是由于我国公司债券的发行规模普遍偏小，发行量集中在10亿元以下，而这些债券大部分是在2011年发行的，发行时间越短的债券流动性越强，因此造成发行量小的债券反而交易频率比较大，流动性较强。

（2）债券的剩余到期期限越长，流动性越低。我们认为可能的原因是一些长期持有债券的投资者，他们的资金实力大都比较雄厚，因此会持有债券流通量的很大一部分，同时这些投资者的长期负债额度也比较大，他们更需要大量的长期资产来抵消长期负债的风险性，因此当持有长期资产时，他们更愿意长期持有而不愿意频繁地进行交易。

（3）信用等级对流动性没有什么影响。我们认为导致这种现象的原因主要是：第一，我国公司债券评级不够真实，债券信用等级普遍偏高；第二，没有A级债券存在，更没有投机型债券，AA－级债券只有4只。

（4）息票率越高，流动性越大。流动性随着息票率的升高也在逐渐增加，票面利率从3%上升到9%，流动性也从0.18增加到0.93。我们认为原因是公司债券的票面价值都是100元，因此投资者更倾向于持有票面利率较高的债券，到期可以获得较高的利息收入，因此息票率高的债券交易量比较大，交易比较活跃。另外我国公司债券全部是附息债券，不需要考虑零息债券的影响，更由于大部分是固定利率、一年付息一次，也不需要考虑计息方式和付息频率的影响。

（5）金融行业债券流动性较高。金融业债券对流动性有增加效应，如果债券的发行人处在金融业，则债券流动性较大。公用事业、工业和材料行业对流动性影响不显著。

（6）债券的回售性对流动性几乎没有影响。债券发行人在发行债券时有权利对债券附加一些条款，例如债券的赎回性、回售性、可转换性等，但是由于我国公司债券发展时间尚短，这些债券附加工具并不发达，大部分公司债券并不具备这些特性，因此对流动性也没有影响。随着公司债券发展逐渐成熟，这个问题可以在以后的研究中继续进行。

三 关于流动性溢价的结论

本书进一步分析了流动性对公司债券价差的影响，即流动性是否对资产定价产生一定的影响，并得出以下结论：

（1）我国公司债券存在流动性溢价。根据实证分析结果可以看出，流动性是影响债券收益率的显著因素，尤其是 Amihud 测度和买卖价差表现了很强的解释能力，Roll 测度和换手率的显著性较低，债券零交易日和公司零交易日在任何情况下都没有显著性。

（2）债券的发行量、息票率和剩余到期时间对收益率有显著影响。本书也研究了债券特征是否对收益率产生影响，根据结果可以看出，债券的发行量、息票率是两个显著因素，对债券收益率的解释能力很强；剩余到期时间有一定的解释能力，其他因素如债券的期限没有显著性。

（3）交易行为因素如交易量、交易间隔时间对收益率有显著影响。交易量对公司债券价差的影响更大，根据研究结果认为我国公司债券交易量越小，流动性越高，这可能与我国公司债券普遍交易量过低、期限不长有关；交易间隔时间对公司债券价差有一定的影响，但是解释能力不如交易量。

（4）信用风险不是影响公司债券价差的显著性因素。信用等级在总样本中不是显著性因素，按照信用等级分组进行回归的结果也并不显著，这说明在各种分析条件下信用等级都不是一个有效性因素。我们认为这可能和我国信用评级行业不健全、信用评级过程不科学有关。

第二节　政策建议

基于以上的研究结论和我国债券市场的发展现状，我们认为应该从市场的微观结构、市场的交易产品和市场参与者三个方面讨论加强公司债券市场发展的建议。

一　关于市场微观结构的建议

我国债券市场分为三个部分：银行间债券市场、交易所债券市场和柜台市场，目前银行间债券市场是发展主体，2010 年和 2011 年银行间债券市场的交易金额分别占我国债券市场交易总金额的 95.68% 和 88.68%，从这个意义上来说，银行间债券市场在我国债券市场发展中占有绝对的主导地位，但是交易所债券市场是债券市场化交易的重要场所，并且由于其市场设施齐全、技术设备先进，为投资者提供了统一的服务网络和交易机制，使得交易过程更加透明化、效率化，因此交易所债券市场有其特有的优势，是我国债券市场发展不可缺少的部分，目前应该加强交易所市场，使之与银行间债券市场达到均衡水平，二者协调发展。

（一）大力发展交易所公司债券市场

公司债券是股份有限公司重要的投融资工具，按照我国《公司法》第一百五十四条规定，“公司债券是公司按照法定程序发行、约定在一定期限还本付息的有价证券”。[①] 它的发行主体是股份有限公司，它所代表的债权债务关系是发行债券的公司和投资者之间的，投资者作为债权人不能参与公司的日常经营管理，只可按期收回本息。企业债券是在我国特殊历史条件下产生的一类债券，但它并不是真正意义上的公司债券，它的发行主体是中央政府部门或国有企业，它的资金用途只限定在某些经过政府审批的项目。因此与

① 参见《公司法》第一百五十四条。

企业债券相比，公司债券具有收益高、风险大，市场操作灵活，容易被广大中小投资者所接受等特点，而企业债券具有政府债券的性质。

目前我国债券市场的发展环境和过去有了很大区别，公司债券的发展不能限制在一个市场，要充分了解公司债券的特点和优势，重新对市场发展做出准确定位，并且要积极探索有利于我国公司债券发展的制度安排，充分发挥公司债券在金融市场和经济发展中的作用。首先，政府需要对公司债券市场的发展引起重视，并积极主动地推动其繁荣。政府在公司债券市场发展中应该扮演“推动者”，而不是“主导者”的角色，充分重视公司债券市场的融资作用，提供合理的制度设计，维护制度的有效运行。其次，公司债券市场需要与国债市场、股票市场等融资市场协调发展。融资工具和融资市场之间都是紧密联系的，任何一种融资方式都不可能孤立地存在，都需要其他方式的协调和补充，我国的股票市场已经成为企业主要的融资市场，国债市场经过多年发展也已经具备一定规模，而公司债券却远远落后，因此发展公司债券市场既可以提高金融市场发展的效率，又可以健全金融体系。

各家公司对发行何种公司债券有着不同的要求，将公司债券简单规定为固定利率公司债，既不利于满足各家公司的复杂需求，也不利于以公司债券为基础的金融产品创新，因此应放宽对公司债券发行品种的限制。从前文的分析中，我们看到我国公司债券的交易主要集中于中长期期限结构，期限的单一化会降低债券的流动性，因此要丰富我国公司债券的期限结构。

（二）实现银行间市场和交易所市场的互联

由于历史原因，我国债券市场一直处于分割状态，银行间债券市场和交易所债券市场在发行主体、监管部门、市场机制等方面相互独立，这对于我国债券市场的发展是极为不利的，因此实现两个市场的互联互通是监管部门和投资者都非常关注的问题。银行间债券市场采取的是做市商制度，通过买卖双方报价实现交易，这种交易方式更适合机构投资者的大型交易，交易所市场主要采取集中竞价的方式，交易更为灵活，因此更适合中小投资者。两个市场所针对的投资群体不同，交易机制不同，产品类型不同，提供的服务也不同，因此两个市场都有存在的必要性。但是目前两个市场是单向托管的，不能实现自由流动，银行间债券市场可以托管交易所市场债券，但是交易所市场却不能托管银行间债券市场债券。

我们认为实现两个市场的互联互通，应该从以下几个方面进行：第一，实现统一债券托管机构托管两个市场。目前我国银行间债券市场和交易所市场是由不同的托管机构负责结算交易的，前者由中央国债登记结算公司负责，后者由中国证券登记结算公司负责。为了实现统一的托管机构，中国证券登记结算公司托管的交易所债券也应该托管于中央国债登记结算公司，交易所市场直接负责债券的撮合成交，并对每笔交易进行清算，清算之后的过户由中央国债登记结算公司负责。所以我国应该建立以中央国债登记结算公司为主体，中国证券登记结算公司为桥梁，交易所为个体的统一的托管机制。第二，实现投资者在两个市场的畅通流动。具体的做法是无论债券投资者投资哪个市场的债券，只需在中央国债登记结算公司开立一个账户，这一个账户可以分为三个分账户，分别对应银行间、上海交易所和深圳交易所三个债券市场，投资者可以使用分账户在对应的市场进行债券交易，并且三个账户可以实现资金自由流动。账户的统一可以使投资者自由投资各个市场的债券，并且不同的债券品种也可以在各个市场间自由流动。

目前，银行间债券市场和交易所债券市场分属于不同的债券托管结算系统。两个托管机构之间不同的运作模式，使得一次跨市场交易需要办理一次转托管和两次清算。由于转托管效率低，清算成本高，企业债在不同市场的自由流动受到阻碍，影响两市场企业债流动性的互动效应，进而阻碍两市场的协调发展。

当前，应首先加强债券市场基础设施建设，为统一托管清算结算体系提供良好的基础，逐步实现债券交易、清算和托管登记系统高效连接和一体化管理。具体来说，应结合债券市场实际情况，切实采取措施建立两个托管结算公司的高效协调机制，加强各部门协调配合，使市场参与者能够以低成本在两个市场间自由转托管，并控制两个市场的总体风险。同时，逐步统一银行间债券市场和交易所债券市场的交易结算费用，降低交易成本，进一步消除制度性障碍。最终建立高效统一的债券托管、结算、清算系统，充分发挥集中托管优势，保障债券交易的真实性。

建立统一托管结算体系的思路是：建议将中央国债登记结算公司作为债券的总托管机构，银行间市场和交易所市场的所有债券均以一级托管模式集中托管于中央国债登记结算公司；中国证券登记结算公司统一负责上海、深圳交易所的债券交割清算和资金收付结算；中央国债登记结算公司负责交易所市场债券交易清算后的债券过户。通过打破银行间债券市场和交易所债券市场的托管分割格局，使所有上市交易的债券均在中央国债登记结算公司下进行统一托管、清算和结算。

（三）进一步完善做市商制度，交易所可考虑引进双边报价机制

在欧美等发达国家的债券市场，做市商制度提供公开、有序、竞争性的双边报价，是稳定市场运行、改善市场流动性、提高交易效率的一项基本制度。做市商通过对所做市债券连续双边报价，为投资者提供及时的债券价格信息，有效降低投资者的交易成本，维持市场交易的连续性并提供债券市场流动性。我国做市商制度自2001年建立，十余年来不断发展和完善，其在活跃市场交易、引导市场理性报价、促进价格发现功能的实现等方面产生了积极影响。但是，与国债相比，我国企业债的做市商制度一直没有得到充分发挥。虽然央行在活跃企业债市场，促进做市商对企业债双边报价方面做出了一些努力，中国人民银行公告（2005）第30号和（2007）第19号要求："银行间债券市场做市商要采取措施提高公司债券流动性，至少对1只公司债券（含企业债券）进行双边报价。公司债券承销商要积极开展对公司债券的双边报价，促进公司债券交易流通的活跃"，但是做市商双边报价行为受到的约束力依然较弱，加上做市商权利义务不对等影响了报价的主动性，银行间市场企业债交易仍主要采用询价协商交易方式。2013年，所有发行交易的企业

债中包含双边报价信息的仅有40只债，并且在现存的报价信息中，重点AAA级的企业债，如铁道债、国网债、中石油占有较大的比重，有双边报价信息的跨市场企业债更是凤毛麟角。参与双边报价的做市商数量少，且集中于大型商业银行。由此可以说明，企业债的做市商制度功能并未得到充分发挥，不利于企业债市场流动性的提高。相关部门应该充分考虑债券市场发展的实际需要，采取措施提高做市商的积极性，以充分发挥做市商机制的作用，切实提高债券市场流动性。一是加大政策支持力度，落实做市商的权利，使其权利与义务对等，激发做市动力。如赋予做市商债券承销的优先权，获得在一级市场购买债券的便利，优先获得机构买卖信息的权利等。二是完善做市商的考核约束机制及竞争机制，引入评价指标体系，促进做市商结合各自优势扩大做市范围，提高报价的信息含量与市场价格的发现效率。三是降低做市商准入门槛，放宽业务范围，在严格的资格审查基础上，吸收优质的基金、券商和保险公司成为债券做市商，优化做市商现有结构。

由于做市商制度可以提高债券流动性，交易所可借鉴银行间市场做市商制度的经验，在企业债品种上尝试推出做市商双边报价机制，结合指令驱动的交易方式，实行做市商制度和集中竞价相结合的交易制度。最后当银行间债券市场和交易所债券市场中同时存在一批信誉高且实力强的做市商，在两市场统一实行双边报价交易时，企业债市场流动性将显著提高，也能更好地防范市场风险。

二　关于市场交易产品的建议

（一）允许金融债券进入交易所市场

目前，我国金融债券只限制在银行间债券市场进行发行和交易，不允许金融债券进入交易所债券市场，这与推进金融市场发展、积极拓宽融资渠道是不相适应的。根据实证分析的结果，金融行业发行的公司债券流动性更强，对整个市场的流动性提高和健康运行起到了积极的推动作用。

首先，金融债券进入交易所市场可以拓宽融资渠道，改善资本结构。我国债券市场的发展处于落后水平，融资和投资的功能都没有体现出来，银行等金融机构在企业融资过程中承担了大量的风险，但是却没有合适的渠道来进行风险分散，因此直接导致的后果是资产结构不合理、经济运行的社会成本增加。其次，在交易所市场发展金融债券可以丰富债券品种，给投资者提供更多的投资方式。我国银行间债券市场的金融债券主要是政策性金融债券，是政策性银行发行的，具有国家信用的性质，交易所发行金融债券应该以商业银行、财务公司的商业信用为主，改变单一的债券类型，丰富投资产品的种类，使投资者的选择更加多样化，使债券市场的投资功能进一步加强。最后，在交易所发行金融债券有利于商业银行分散风险。目前我国商业银行的主要资金来源是存款，负债类型单一，缺乏主动性，在交易所市场发行金融债券给商业银行提供了长期稳定的融资渠道，并且增强了商业银行的主动性，使商业银行长期以来依赖存款盈利的局面被打破，有效地化解了金融风险。

（二）扩大发行主体的范围，增大公司债券市场的规模

目前公司债券的发行主体主要是上市公司，上市公司是企业当中具有优势的力量，资产结构比较合理，盈利能力也相对较强，信息披露制度比较健全，监管也更为严格。但是随着公司债券市场的进一步发展，发行主体只局限在上市公司只会阻碍市场前进的步伐，应该改变对发行主体过高的要求，放松对其严格的管制，将非上市公司、中小企业等也纳入到发行主体中来，使发行主体实现多元化。近年来，我国中小企业和民营企业发展态势良好，在社会经济生活中发挥的作用越来越大，但是由于这些企业规模较小，同时没有国家和政府作为信用支持，因此在融资渠道上受到很大的限制，一方面银行对这些企业的贷款审核条件过高，并且发放的数量小，要求归还的期限较短；另一方面民营企业和中小企业达不到资本市场的准入条件，难以上市，公司债券的发行条件要低于股票，应该积极鼓励民营企业和中小企业通过发行公司债券拓宽融资渠道。

目前公司债券发行规模非常小，没有一定的市场规模，无法起到资本市场投融资的作用，因此目前需要降低公司债券发行的条

件，改变烦琐的上市手续，根据市场合理的信用评级和企业的资金需求确定发行规模，发行规模的扩大可以进一步带来流通市场的繁荣发展。另外发行规模的扩大是需要循序渐进的，不能一蹴而就，这个过程是有步骤、有条理地逐渐进行的，不是一朝一夕就可以达到的目标，需要克服困难，创新性地开展工作，形成规划，逐步实现。

目前资金实力雄厚的银行类金融机构，如政策性银行、商业银行、城商行、农村信用社都集中在银行间债券市场，除部分上市商业银行外，其他银行类机构和个人投资者均无法参与交易所市场的企业债投资。而以证券公司和基金公司为代表的交易所债券市场参与者，资金实力相对弱小，且无法对整个企业债市场产生足够的影响力，市场参与主体分割非常严重。一方面导致银行间债券市场参与者在风险偏好、投资策略、交易习惯等方面高度趋同，对企业债的投资容易集中在某一类品种上，不利于整体流动性的提高；另一方面也限制了交易所市场企业债交易规模的增大，导致交易所市场企业债流动性深度不足，流动性水平较差。与此同时，我国企业债市场的主体规模还较小，对现有投资主体有严格的投资限制。保监会对保险公司投资债券的范围作了严格的规定，保险机构可投资的企业债有限。大量的潜在参与主体如非银行金融机构和企业不能充分进入企业债市场，交易需求得不到满足。

从发达国家金融市场的经验来看，债券市场应当是一个能够满足不同投资者交易需求的公开市场。各类投资者可以根据自身的收益需要和风险承受能力自由选择债券品种和交易市场。当市场中存在足够多的共同投资者，两市场的流动性都将得到改善。因此，在加强市场监管的前提下，应进一步丰富和扩大市场交易主体。在保证交易主体良好资质条件下进一步降低市场准入条件，有计划、有步骤地吸收更多不同类型的投资者进入债券市场，构建多元化的企业债投资者结构。同时，在控制风险的前提下，逐步放宽对保险公司和非银行金融机构的投资范围限制。最终打破原有的主体分割，允许各类投资者自由进出，实现银行间市场和交易所市场企业债交易主体和投资范围统一，切实提高企业债交易活跃度和市场流动性水平。

机构投资者可以通过资产组合手段实现不同期限、不同风险和收益券种之间的融通、调节、匹配供给和需求，增加市场的流动性，以形成机构投资者和公司债券流动性的良性互动循环。因此，丰富公司债券市场投资者的种类可以改善市场的流动性。虽然我国公司债券的持有者主要是机构投资者，但是通过分析我们看到商业银行和保险机构占据绝对份额，其他机构投资者持有公司债券的数额很小，这种格局并不利于改善我国公司债券市场的流动性，需要增加公司债券市场投资者的数量和种类。

在国外规范的公司债券市场上，公司债券的发行人通常是民营的股份有限公司和有限责任公司，国有企业发行的债券是列入公共部门债券范畴的。我国国有企业和大型的股份制企业占据了公司债券发行人的绝对地位，需要放宽对发行人的严格管制，允许民营企业发行公司债券。此外，我国公司债券发行人主要集中于工业、公共事业、金融、能源等行业，应丰富发行人行业的类型，并放宽公司债券的发行额度、募集资金的使用范围，在保证募集资金主要投入固定资产项目之外，还可以用于资产重组、调整债务结构等。

（三）增加交易品种，发展多种公司债券投资工具

一个交易品种丰富的市场不仅可以为投资者提供多种规避风险的工具，并且可以吸引投资者积极参与市场交易，促进整个市场流动性的提高。目前我国的公司债券在期限结构上比较单一，长期债券过少，在利息上只有附息债券没有零息债券，利息的归还方式以一年一次为主，主要是固定利率，少数利率可以浮动，债券的附加条件几乎没有，少数具有可赎回性。因此我国公司债券应该在债券期限、息票率和附加条件等方面增加条款，丰富债券的特性。从国外发展的先进经验来看，交易品种的丰富关系到市场的发达程度，产品的进一步创新是推动市场前进的动力。未来在债券的期限结构、利率和附加条款等方面的设计要增加灵活性，逐步增大浮动利率债券的发行和交易，给债券增加回购、卖空等附加条款，在条件

允许的情况下，可以适当发展公司债券基金和衍生产品，一方面为投资者提供了多种规避风险和投资的手段，满足不同投资者的需求和偏好；另一方面也增加了对投资者的吸引力，以吸引不同类型的投资者加入到公司债券的投资队伍中来。对企业来说，在发行债券时，可以根据自身的发展需要设计债券品种，既有利于公司发展，又增强了灵活性。

各家公司对发行何种公司债券有着不同的要求，将公司债券简单规定为固定利率公司债，既不利于满足各家公司的复杂需求，也不利于以公司债券为基础的金融产品创新，因此应放宽对公司债券发行品种的限制。从上文的分析中，我们看到我国公司债券的交易主要集中于中长期期限结构，期限的单一化会降低债券的流动性，因此要丰富我国公司债券的期限结构。

三　关于市场参与者的建议

（一）积极培育机构投资者

从发达国家公司债券市场发展的经验来看，市场参与者是以机构投资者为主体的，银行中介作为主要的机构投资者，同时扮演着发行者和投资者的双重角色。我国公司债券市场的发展需要适当引导投资者，使经济实力较小、风险承受能力较差的投资者主要投资公司债券，还要培育一定数量的机构投资者。首先要放开商业银行从事交易所债券交易，在有效的信用评级制度和风险管理机制的基础上，允许商业银行参与公司债券交易。其次要允许保险公司参与公司债券交易，根据发达国家的发展经验，公司债券市场为大量保险资金提供了投资渠道，我国债券投资资金中属于保险公司的比例非常低，要进一步放开对保险资金的管制，使之能够参与到公司债券市场中来。最后鼓励其他金融机构进入公司债券市场，培育机构投资者要进一步放宽市场准入条件，使邮储资金、农信社资金、企业年金等都可以投资公司债券，在条件允许的情况下，还可以进一步引入境外投资者。

（二）完善信用评级制度

债券流通过程中面临的信用风险主要通过信用评级进行衡量，

通常我们认为信用等级高的债券面临的信用风险较小，科学有效的信用评级是对公司债券进行有效评价、帮助投资者判断投资风险、对债券价值进行准确评估的基础。目前我国社会信用环境较差，投资者的信用意识不强，缺乏有效的信用约束机制，因此我国债券市场的评级没有统一的制度支持，评级过程不独立，评级机构受到发行人的干涉，评级结果不真实，导致债券等级普遍偏高，使信用评级失去了客观性和公信力，债券评级只是形式上的，没有实质内容，不能成为投资者判断风险价值的标准。

完善信用评级制度，必须建立适合我国债券市场发展的评级标准，并培养规范的信用评级机构。首先，将信用评级机构的选择权交由主要投资者，目前我国实行的是发行人选择评级机构，因此评级机构容易受到发行人人为因素的干扰，使评级过程失去客观性和公正性，将来要改革为由主要的债权人和投资者选择评级机构，使评级机构的评价过程更加独立、客观。其次，信用评级要实时追踪、动态变化，目前我国信用评级基本一成不变，债券在发行时评在哪个等级，就是哪个等级，今后要求评级机构定期公布评级报告，根据债券业绩、风险状态的变化不断调整信用等级，建立动态变化的信用评级体系，另外还要引入信用评级机构的竞争机制，对评级机构进行有效的监督，使评级不真实、不客观的机构被市场淘汰。最后，要积极培育先进的信用评级机构，我国的信用评级机构普遍存在不规范、不科学的情况，因此要引进国外知名的评级机构，学习先进经验，找到自身的差距，进一步探索适合我国实际发展情况的信用评级制度，逐步建立技术先进、评级规范的信用评级机构。对于评级机构的监管，可以交给专业的中介机构，而监管部门只需要对这些中介机构进行监督。

全国现有的信用评级机构应与以前所依托的政府机构或者事业单位脱钩，脱离政府干预，使评级机构成为真正公平、公正、独立的中介机构。同时结合我国具体市场环境，组建新的评级机构，形成全国统一的信用评级市场。规范信用评级机构的行为，对自己在评级过程中的误导性陈述、重大遗漏、虚假记载造成债权人的损失承担赔偿责任，对自己负责评定的项目负连带责任，建立合适的风险赔偿机制。尽可能地降低评级差错，提高评级质量，增强投资人对评级机构的信任度。尽可能详细地披露与公司债券信用评定相关的信息，减少甚至避免因信息披露的不透明或者不完全而损害投资人利益的状况。中介机构应动态追踪发行人的经营状况，不断更新评级结果，以便投资人随时掌握企业的真实状况，最大限度地保护债权人的利益。

为增强投资人的信心，发债人应接受市场和投资人的合理约束，规范公司债发行人的行为，树立发债人良好的形象。在我国，对公司债券的监督并没有得到有效的实施，这与部分企业的不守信用有很大的关系，因此建立有效的偿债保障机制是我国公司债券得以进一步发展的必要条件。此外，如果对不同信用等级的所有债券都设定一样的利率水平，那么从融资成本与收益方面考虑，信用评级无论对发行人还是投资人都失去了意义，约束了发行人信息披露的积极性，弱化了投资人对信用评级的需求。因此要将公司债券发行人的信用等级与发行利率挂钩，使得不同信用等级的公司债券具有不同的利率水平，提高投资人对债券信用等级的信任度，成为其决策的重要影响因素。充分发挥信用评级机构揭示风险的基本作用，不断提升信用评级在整个债券定价体系中的地位。

债券信用评级是弥补公司债券信息不对称与信息不完全的一项重要制度，通常用简单明了的标志表明不同债务的相对风险，是主观判断与定量分析有机结合，其过程要比任何一个投资人自己评估债券所能做到的分析判断都要细致周到。发达国家公司债券发展经验表明，如果信用评级机构能实实在在地对所有公开发行的债券进行评级，评级制度就能帮助投资人有效地识别以及防范风险，从而提高债券定价的准确度，提高市场效率。尽管我国一直十分重视信用评级在企业债券发行中的地位和作用，然而，债券市场发展前期，信用评级依然具有很大的偶然性，评级机构给出的报告可靠性差，往往不能正确反映公司债券实际包含的风险状况。因此，需要根据市场的发展适时推进信用评级制度的建立和发展。

（三）提升信息披露质量

发达债券市场的发展经验告诉我们，完善的信息披露制度等市场化约束机制是市场化运作框架中的重要内容。建立有效的市场化约束机制，能充分揭示债券隐含的风险，有效地保护投资者的利益，尤其是公司债券的主要参与者机构投资者是至关重要的。目前，我国公司债券市场信息披露仍然不够充分，缺乏规范、全面的公司债券发行人信息披露，缺乏对已公开发行但尚未交易流通的债券的持续信息披露，市场透明度不高。此时投资人无法正确评估债券的潜在风险和真实价值。因此，要强化和规范公司债券发行人的信息披露要求，持续定期地向投资人披露其经营管理情况和财务状况，以及一切对债券投资价值有实质性影响的信息，完善信息披露制度。

围绕信息披露，一方面要对照市场化要求逐步放松管制；另一方面又要加强监管，注意纠正市场信息不对称之弊。披露是揭示公司价值、显示企业成长与核心竞争力、降低长期融资成本、获得再融资机会的需要。换言之，披露可以视为一个“好人举手”的制度。良好的企业不应拒绝和排斥披露要求。总之，要通过立法强制披露、政策引导披露等方式，进一步树立市场参与者进行信息披露的意识。鼓励发行人内部制定信息披露的政策和办法，强调信息披露与内控机制、公司治理的有效衔接。尽管监管部门出台了提高披露质量的办法，但这些外部的强制措施只有得到市场参与者的主动配合才能有效发挥作用。在此背景下，增加自愿性信息披露，可以进一步强化公司治理和社会责任。

提高价格透明度，引导对披露信息的深度加工。在信息披露中，除了发行人披露，还有债券价格信息披露。它源于市场众多投资人，又成为投资人决策的最重要参考。通过深入分析债券价格表现与信用评级的关系，可以更好地印证信用评级的实施效果。通过对异常价格信息和背景的分析，有助于侦查市场异动或者投资人异常交易活动，便利市场监管，维护市场稳定。

要加强信息披露的完整性与时效性。为了能正确判断投资风险和投资收益，投资人需要及时了解与掌握公司债券发行人的经营状况和财务变化等相关信息，发行人必须承担对投资人的信息披露义务，确保信息披露的完整性、准确性以及持续性。一个好的信息披露机制，能够帮助投资人有效地识别风险，从而合理地选择债券进行投资；一个健全的债权保护机制，能够在一定程度上保证投资人的权益，降低投资人面临的信用风险，从而吸引投资人投资于债券。我国的信息披露制度建立才不久，当务之急，一是要加强信息披露监管，减少金融市场信息不对称；二是要加强投资人教育，提高投资人风险识辨能力，使投资人能根据发行人等提供的公开信息，自行有效地对信用风险进行识别和判断。

参考文献

[1] R. A. 贾罗、V. 马斯科西莫维、W. T. 津巴：《金融经济学手册》，吴文锋、仲黎明、冯芸译，上海人民出版社2007年版。

[2] 曹鸿波：《银行间债券市场流动性指标分析》，《金融时报》1999年11月16日。

[3] 程文卫：《我国交易所上市企业主体债券利差的影响因素研究》，《生产力研究》2009年第8期。

[4] 董乐：《银行间债券市场流动性溢价问题研究》，《运筹与管理》2007年第8期。

[5] 范乔希：《银行间债券市场流动性的实证分析》，《山西农业大学学报》（社会科学版）2004年第1期。

[6] 方丹：《我国债券市场流动性实证分析》，《辽宁石油化工大学学报》2009年第6期。

[7] 弗兰克·法博齐：《债券市场分析与策略》，路蒙佳译，中国人民大学出版社2011年版。

[8] 弗兰克·法博齐：《固定收益证券手册》，任若恩、李焰译，中国人民大学出版社2005年版。

[9] 郭泓、杨之曙：《国债市场新券和旧券流动性实证研究》，《证券市场导报》2006年第2期。

[10] 郭泓、武康平：《上交所国债市场流动性溢价分析》，《金融论坛》2006年第6期。

[11] 黄丹：《中国银行间债券市场发展为场外市场的问题研究》，硕士学位论文，西南财经大学，2007年。

[12] 黄峰、杨朝军：《流动性风险与资产定价：来自我国股市的经

验证据》，《管理世界》2007 年第 5 期。
[13] 黄妍、吴凯：《银行间债券市场流动性问题的原因分析及其对策》，《经济前沿》2003 年第 7 期。
[14] 胡永青：《中国企业债券市场流动性分析》，《经济纵横》2002 年第 9 期。
[15] 金雪军、徐利君、徐冯璐：《交易成本与国债市场流动性：基于上海债市的实证研究》，《软科学》2006 年第 20 期。
[16] 孔东民：《流动性风险与资产定价：来自中国股市的证据》，《南方经济》2006 年第 3 期。
[17] 李仁健：《中国国债市场流动性现状及因素分析》，硕士学位论文，上海交通大学，2007 年。
[18] 李新：《中国国债市场流动性分析》，《金融研究》2001 年第 3 期。
[19] 李焰、曹晋文：《对我国国债市场流动性的实证研究》，《财贸经济》2005 年第 9 期。
[20] 李一红、吴世农：《中国股市流动性溢价的实证研究》，《管理评论》2003 年第 15 期。
[21] 廖敏辉：《我国企业债券市场的流动性研究》，硕士学位论文，湖南大学，2007 年。
[22] 林海、郑振龙：《中国违约风险溢酬研究》，《证券市场导报》2003 年第 6 期。
[23] 林华：《中国上海证券交易所债券流动性分析》，硕士学位论文，厦门大学，2008 年。
[24] 刘逖：《证券市场微观结构理论与实践》，复旦大学出版社 2002 年版。
[25] 陆静、唐小我：《股票流动性与期望收益的关系研究》，《管理工程学报》2004 年第 18 期。
[26] 卢遵华、陈一丁、张莲：《我国银行间债券市场流动性分析》，《证券市场导报》2004 年第 2 期。
[27] 罗登跃、王春峰、房振明：《基于时间序列的上海股市系统风

险、流动性风险溢价实证研究》，《系统工程》2005 年第 7 期。

[28] 罗登跃：《流动性与资产定价：基于中国证券市场的研究》，博士学位论文，天津大学，2007 年。

[29] 马岩祥：《公司债券价格影响因素的实证分析》，硕士学位论文，新疆财经大学，2010 年。

[30] 莫琳·奥哈拉：《市场的微观结构理论》，杨之曙译，中国人民大学出版社 2007 年版。

[31] 闵晓平：《公司债券流动性衡量和决定研究述评》，《证券市场导报》2008 年第 10 期。

[32] 闵晓平：《公司债券流动性溢价研究进展》，《经济学动态》2009 年第 6 期。

[33] 潘晓佳：《中国企业债券市场流动性研究》，硕士学位论文，厦门大学，2007 年。

[34] 瞿强：《国债市场流动性研究——一个比较分析框架》，《金融研究》2001 年第 6 期。

[35] 尚玉皇：《中国公司债券市场流动性研究》，硕士学位论文，暨南大学，2010 年。

[36] 邵玲：《我国银行间债券市场与交易所债券市场比较研究》，硕士学位论文，厦门大学，2006 年。

[37] 苏冬蔚、麦元勋：《流动性与资产定价：基于我国股市资产换手率与预期收益的实证研究》，《经济研究》2004 年第 2 期。

[38] 施婷、范龙振：《上海证券交易所回购利率期限结构的风险溢酬》，《系统工程理论方法应用》2006 年第 4 期。

[39] 宋献中、王展翔：《股票流动性与资产定价：基于时间序列回归的实证分析》，《财经理论与实践》2004 年第 25 期。

[40] 孙小丽：《公司债券市场的流动性指标比较》，硕士学位论文，厦门大学，2008 年。

[41] 谭地军、田益祥、黄文光：《中国企业债券特征与风险补偿》，《数量经济技术经济研究》2008 年第 2 期。

[42] 王春峰、韩冬、蒋祥林：《流动性与股票回报：基于上海股市的实证研究》，《经济管理》2002 年第 24 期。

[43] 王春峰：《金融市场风险管理》，天津大学出版社 2001 年版。

[44] 王晓翌：《公司债券流动性度量方法综述》，《唐山学院学报》2011 年第 9 期。

[45] 王晓翌：《公司债券流动性与资产定价研究进展》，《管理学刊》2012 年第 2 期。

[46] 王茵田、文志瑛：《股票市场和债券市场的流动性溢出效应研究》，《金融研究》2010 年第 3 期。

[47] 王展翔：《流动性与资产定价：理论与实证》，博士学位论文，暨南大学，2005 年。

[48] 威廉·夏普：《投资学》，赵锡军等译，中国人民大学出版社 1998 年版。

[49] 吴柏均、杨威：《上海股票交易市场流动性与资产定价的实证研究》，《郑州航空工业管理学院学报》2008 年第 8 期。

[50] 吴文锋、芮萌、陈工孟：《中国股票收益的非流动性补偿》，《世界经济》2003 年第 7 期。

[51] 夏颉：《企业债券市场流动性问题研究》，硕士学位论文，江西财经大学，2003 年。

[52] 油晓峰、宋永明：《对我国国债流动性问题的政策思考》，《财贸经济》2004 年第 3 期。

[53] 袁东：《交易所债券市场与银行间债券市场波动性比较》，《世界经济》2004 年第 5 期。

[54] 余辉、胡玥：《关于银行间债券市场流动性问题的探讨》，《中国货币市场》2002 年第 12 期。

[55] 张亦春、郑振龙、林海：《金融市场学》，高等教育出版社 2008 年版。

[56] 张蕊等：《上交所国债市场流动性溢价研究——基于 4 因子仿射利率期限结构模型》，《系统管理学报》2009 年第 10 期。

[57] 张瀛：《做市商、流动性与买卖价差：基于银行间债券市场的流

动性分析》，《世界经济》2007 年第 10 期。

[58] 张铮、刘力：《换手率与股票收益：流动性溢价还是投机性泡沫》，《经济学》（季刊）2006 年第 3 期。

[59] 詹正茂、廉晓红、陈刚：《我国公司债券流通市场的做市商制度分析》，《科技进步与对策》2004 年第 2 期。

[60]《中华人民共和国公司法》，2006 年 1 月。

[61]《中华人民共和国证券法》，2005 年 1 月。

[62] 中国证券监督管理委员会：《公司债券发行试点办法》，2007 年 8 月。

[63] 中国证券监督管理委员会：《上市公司证券发行管理办法》，2006 年 5 月。

[64] 朱世武、许凯：《银行间债券市场流动性研究》，《统计研究》2004 年第 1 期。

[65] 兹维·博迪、亚历克·斯凯恩：《投资学精要》，陈雨露等译，中国人民大学出版社 2003 年版。

[66] Acharya, V., L. Pedersen, "Asset Pricing with Liquidity Risk", *Journal of Financial Economics*, Vol. 77, 2005, Feb., pp. 375-410.

[67] Acharya, V., Y. Amihud and S. Bharath, "Liquidity Risk of Corporate Bond Returns", 2010, NBER Working Paper.

[68] Amihud, Y., "Illiquidity and Stock Returns: Cross Section and Time Series Effects", *Journal of Financial Markets*, Vol. 5, 2002, Jan., pp. 31-56.

[69] Amihud, Y., Mendelson, H., "Liquidity, Maturity, and Yields on US Treasury Securities", *Journal of Finance*, Vol. 46, 1991, pp. 1411-1425.

[70] Amihud, Y., Mendelson, H., "Asset Pricing and the Bid-ask Spread", *Journal of Financial Economics*, Vol. 17, 1986, pp. 223-249.

[71] Amihud, Y., Mendelson, H., "The Effect of Beta, Bid-Ask Spread, Residuals Risk, and Size on Stock Returns", *The Jour-*

nal of Finance, Vol. 2, 1989, pp. 479 - 486.

[72] Bagehot, W., "The Only Game in Town", *Financial Analysts Journal*, Vol. 27, 1971, pp. 12 - 14.

[73] Bangia, D., Diebold, F. X., Schuermann, T., et al., "Modeling Liquidity Risk, with Implication for Traditional Market Risk Measurement and Management", Wharton Working Paper, Financial Institutions Center, 1998.

[74] Banz Rolf, "The Relationship between Return and Market Value of Common Stocks", *Journal of Financial Economics*, Vol. 9, 1981, pp. 3 - 18.

[75] Bao, J., J. Pan and J. Wang, "The Illiquidity of Corporate Bonds", *Journal of Finance*, Vol. 66, 2011, pp. 911 - 946.

[76] Basu Sanjoy, "The Relationship between Earnings Yield, Market Value, and Return for NYSE Common Stocks: Further Evidence", *Journal of Financial Economics*, Vol. 12, 1983, pp. 129 - 156.

[77] Bekaert, G., C. Harvey, C. Lundblad, "Liquidity and Expected Returns: Lessons from Emerging Markets", Duke University Working Paper, 2005.

[78] Bessembinder, H., W. Maxwell, and K. V. enkataraman, "Market Transparency, Liquidity Externalities, and Institutional Trading Costs in Corporate Bond", *Journal of Financial Economics*, Vol. 82, 2006, pp. 251 - 288.

[79] Bhandari, L. C., "Debt/Equity Ratio and Expected Common Stock Returns: Empirical Evidence", *Journal of Finance*, Vol. 43, 1988, pp. 507 - 528.

[80] Black, F., "Towards a Fully Automated Exchange, Part I", *Financial Analysts Journal*, Vol. 27, 1971, pp. 29 - 34.

[81] Black, F., "Capital Market Equilibrium with Restricted Borrowing", *The Journal of Business*, Vol. 45, 1972, Jul., pp. 444 - 455.

[82] Black, F., Scholes M., "The Pricing of Options and Corporate Liabilities", *Journal of Political Economy*, Vol. 81, 1973, Jun., pp. 637 - 654.

[83] Blanco, R., Brennan, S., Marsh, I. W., "An Empirical Analysis of the Dynamic Relationship between Investment Grade Bonds and Credit Default Swaps", *Journal of Finance*, Vol. 60, 2005, pp. 2255 - 2281.

[84] Blume, M. E., Lim, F., MacKinlay, A. C., "The Declining Credit Quality of U. S. Corporate Debt: Myth or Reality?", *Journal of Finance*, Vol. 53, 1998, pp. 1389 - 1401.

[85] Brennan, M. J., Subrahmanyam, A., "Market Microstructure and Asset Pricing: on The Compensation for Illiquidity in Stock Returns", *Journal of Financial Economics*, Vol. 41, 1996, pp. 441 - 464.

[86] Chacko, G., M. Subrahmanyam, S. Mahanti, et al., "The Determinants of Liquidity in the Corporate Bond Markets: An Application of Latent Liquidity", Working Paper, 2005.

[87] Chakravarty, S., A. Sarkar, "Liquidity in Fixed Income Markets: A Comparison of the Bid - ask Spread in Corporate, Government, and Municipal Bond Markets", Working Paper, Federal Reserve Bank of New York, 1999.

[88] Chan, Louis K., Hamao Y., Lakonishok J., "Fundamentals and stock returns in Japan", *Journal of Finance*, Vol. 46, 1991, pp. 1739 - 1789.

[89] Chen, L., D. Lesmond, J. Wei, "Corporate Yield Spreads and Bond Liquidity", *Journal of Finance*, Vol. 62, 2007, pp. 119 - 149.

[90] Chordia, T., Roll, R., Subrahmanyam, A., "Commonality in Liquidity", *Journal of Financial Economics*, Vol. 56, 2000, pp. 3 - 28.

[91] Collin - Dufresne, P., R. S. Goldstein and J. Martin, "The De-

terminants of Credit Spread Changes", *Journal of Finance*, Vol. 56, 2001, pp. 2177 – 2207.

[92] Connolly R., Stivers C., Sun L., "Commonality in the Time – variation of Stock – stock and Stock – bond Return Comovements", *Journal of Financial Markets*, Vol. 10, 2007, pp. 192 – 218.

[93] Covitz, D., C. Downing, "Liquidity or Credit Risk? The Determinants of Very Short – Term Corporate Yield Spreads", *Journal of Finance*, Vol. 62, 2007, pp. 2303 – 2328.

[94] David, A. Goodman and John W. Peavy, "Industry Relative Price – Earnings Ratios as Indicators of Investment Returns", *Financial Analysts Journal*, Vol. 39, pp. 60 – 66.

[95] De Bondt, W., R. Thaler, "Does the Stock Market Overreact?", *Journal of Finance*, Vol. 15, 1985, pp. 793 – 805.

[96] De, Jong, F. and J. Driessen, "Liquidity risk Premia in Corporate Bond Markets", Working Paper, University of Amsterdam, 2005.

[97] Demesetz, H., "The Cost of Transaction", *Quarterly Journal of Economics*, Vol. 82, 1968, pp. 33 – 53.

[98] Dick – Nielsen, J., "Liquidity biases in TRACE", *Journal of Fixed Income*, Vol. 19, 2009, pp. 43 – 55.

[99] Dick – Nielsen, J., Feldhütter, P., Lando, D., "Corporate bond Liquidity Before and After the Onset of the Subprime Crisis", *Journal of Financial Economics*, Vol. 103, 2012, Mar., pp. 471 – 492.

[100] Downing, C., S. Underwood, Y. Xing, "Is Liquidity Risk Priced in the Corporate Bond Market?", Working Paper, Rice University, 2005.

[101] Duffe, D., Lando, D., "Term Structures of Credit Spreads with Incomplete Accounting Information", *Econometrica*, Vol. 69, 2001, pp. 633 – 664.

[102] Edwards, A., L. Harris and M. Piwowar, "Corporate Bond Market Transparency and Transaction Costs", *Journal of Fi-*

nance, Vol. 62, 2007, pp. 1421 – 1451.

[103] Elton E., Green T., "Tax and Liquidity Effects in Pricing Government Bonds", *Journal of Finance*, Vol. 53, 1998, pp. 1533 – 1562.

[104] Elton, E., Gruber, M., Agrawal, D., et al., "Explaining the Rate Spread on Corporate Bonds", *Journal of Finance*, Vol. 56, 2001, pp. 247 – 277.

[105] Ericsson, J., Renault, O., "Liquidity and Credit Risk", *Journal of Finance*, Vol. 61, 2006, pp. 2219 – 2250.

[106] Fama, Eugene F., Kenneth R. French, "The Cross – Section of Expected Stock Returns", *Journal of Finance*, Vol. 47, 1992, Jun., pp. 427 – 465.

[107] Fama, Eugene F., Kenneth R. French, "Common Risk Factors in the Returns on Stocks and Bonds", *Journal of Financial Economics*, Vol. 33, 1993, pp. 3 – 56.

[108] Feldhütter, P., Lando, D., "Decomposing Swap Spreads", *Journal of Financial Economics*, Vol. 88, 2008, pp. 375 – 405.

[109] Feldhütter, P., "The Same Bond at Different Prices: Identifying Search Frictions and Selling Pressures", Working Paper, 2010.

[110] Fleming, J., "Measuring Treasury Market Liquidity", Federal Reserve Bank of New York, Staff Reports, No. 133, 2001, July.

[111] Fleming M., Remolona E., "Price Formation and Liquidity in the U. S. Treasury Market: the Response to Public Information", *Journal of Finance*, Vol. 54, 1999, pp. 1901 – 1915.

[112] Foster, F. Douglas, and S. Viswanathan, "Variations in Trading Volume, Return Volatility, and Trading Costs: Evidence on Recent Price Formation Models", *The Journal of Finance*, Vol. 48, 1993, pp. 187 – 212.

[113] Friewald, N., Jankowitsch, R., Subrahmanyam, M. G.,

"Illiquidity or Credit Deterioration: A Study of Liquidity in the US Corporate Bond Market During Fnancial Crises", *Journal of Financial Economics*, Forthcoming, 2010.

[114] Garbade K., "Analyzing the Structure of Treasury Yields: Duration, Coupon, and Liquidity", Topics in Money and Security Markets, New York, NY: Bankers Trust Co., 1984.

[115] Garbade, K., Silber W., "Dominant and Satellite Markets: A Study of Dually - Traded Securities", *The Review of Economics and Statistics*, Vol. 61, 1979, Aug., pp. 455 - 460.

[116] Güntay, L., Hackbarth, D., "Corporate Bond Credit Spreads and Forecast Dispersion", *Journal of Banking and Finance*, Vol. 34, 2010, pp. 2328 - 2345.

[117] Glosten, L. R., Harris, L. E., "Estimating the Components of the Bid/ask Spread", *Journal of Financial Economics*, Vol. 21, 1988, pp. 123 - 142.

[118] Goldstein, M. A., Hotchkiss, E., "Dealer Behavior and the Trading of Newly Issued Corporate Bonds", Unpublished Working Paper, Boston College, 2008.

[119] Goldstein, M. A., Hotchkiss, E., Sirri, E. R., "Transparency and Liquidity: A Controlled Experiment on Corporate Bonds", *The Review of Financial Studies*, Vol. 20, 2007, pp. 235 - 273.

[120] Grossman, S., Miller J., "Liquidity and Market Structure", *The Journal of Finance*, Vol. 43, 1988, pp. 617 - 637.

[121] Hamao, Y., Masulis, R. W. and Ng V., "Correlations in Price Changes and Volatility Across International Stock Markets", *Review of Financial Studies*, Vol. 3, 1990, pp. 281 - 307.

[122] Han, S., Zhou, H., "Effects of Bond Liquidity on the Nondefault Component of Corporate Bond Spreads: Evidence from Intraday Transactions Data", Unpublished Working Paper, Federal

Reserve Board, 2008.

[123] Harris, L., "Statistical Properties of the Roll Serial Covariance Bid/ask Spread Estimator", *The Journal of Finance*, Vol. 45, 1990, pp. 579 – 590.

[124] Harry, M., "Portfolio Selection", *The Journal of Finance*, Vol. 7, 1952, Mar., pp. 77 – 91.

[125] Hasbrouck J, D. J. Seppi, "Common Factors in Prices, Order Flows and Liquidity", *Journal of Financial Economics*, Vol. 59, 2001, pp. 383 – 411.

[126] Hasbrouck, J., "Measuring the Information Content of Stock Trades", *Journal of Finance*, Vol. 46, 1991, pp. 178 – 208.

[127] Hasbrouck, J., "Trading Costs and Returns for U. S. Equities; the Evidence from Daily Data", Working Paper, New York University, 2006.

[128] Hicks, J., "Liquidity", *Economic Journal*, Vol. 72, 1962, pp. 787 – 802.

[129] Hisata, Y., Yasuhiro, Y., "Research toward the Practical Application of Liquidity Risk Evaluation Methods", *Monetory and Economics Study*, Vol. 12, 2000, pp. 83 – 127.

[130] Hong, G., A. Warga, "An Empirical Study of Bond Market Transactions", *Financial Analysts Journal*, Vol. 56, 2000, pp. 32 – 46.

[131] Hotchkiss, E., T. Ronen, "The Information Efficiency of the Corporate Bond Market: An Intraday Analysis", *Review of Financial Studies*, Vol. 15, 2002, pp. 1325 – 1354.

[132] Hotchkiss, E., Jostova G., "Determinants of Corporate Bond Trading: A Comprehensive Analysis", Working Paper, 2007,

[133] Houweling, P., A. Mentink, T. Vorst, "Comparing Possible Proxies of Corporate Bond Liquidity", *Journal of Banking and Finance*, Vol. 29, 2005, pp. 1331 – 1358.

[134] Huang, J. , M. Huang, "How Much of the Corporate – Treasury Yield Spread is Due to Credit Risk? ", Working Paper, Stanford University, 2003.

[135] Huberman, G. , D. Halka, "Systematic Liquidity", *Journal of Financial Research*, Vol. 24, 2001, pp. 161 – 178.

[136] Hui, B. , B. Heubel, "Comparative Liquidity Advantages among Major U. S. Stock Markets", Data Resources, Inc. : Lexington, MA. , 1984.

[137] Hull, J. , Predescu, M. , White, A. , "The Relationship between Credit Default Swap Spreads, Bond Yields, and Credit Rating Announcements", *Journal of Banking and Finance*, Vol. 28, 2004, pp. 2789 – 2811.

[138] Jacoby, G. , Fowler, D. J. , Gottesman, A. , "The Capital Asset Pricing Model and the Liquidity Effect: a Theoretical Approach", *Journal of Financial Markets*, Vol. 3, 2000, pp. 69 – 81.

[139] Jacoby, G. , Gottesman, A. , Fowler, D. J. , "On Asset Pricing and the Bid – Ask Spread", Working Paper, 2001.

[140] James, C. , Edmister, R. , "The Relation between Common Stock Returns Trading Activity and Market Value", *The Journal of Finance*, Vol. 38, 1983, Sep. , pp. 1075 – 1086.

[141] Jankowitsch R. , Nashikkar A. , Subrahmanyam G. , "Price Dispersion in OTC Markets: A New Measure of Liquidity", *Journal of Banking and Finance*, Vol. 35, 2011, Feb. , pp. 343 – 357.

[142] Jegadeesh, N. , S. Titman, "Returns to Buying Winners and Selling Losers: Implications for Stock Market Efficiency", *The Journal of Finance*, Vol. 48, 1993, Mar. , pp. 65 – 91.

[143] Jones, C. M. , "A Century of Stock Market Liquidity and Trading Costs", Graduate School of Business, Columbia University, 2001.

[144] Jorion, P. , "Value at risk: The New Benchmark for Controlling Market Tisk", Chicago: The McGraw – Hill Company, 2001.

[145] Kamara A., "Liquidity, Taxes, and Short - Term Treasury Yields", *Journal of Financial and Quantitative Analysis*, Vol. 29, 1994, pp. 403 - 417.

[146] Kamara A., "Market Trading Structures and Asset Pricing: Evidence from The Treasury - bill markets", *Review of Financial Studies*, Vol. 1, 1988, pp. 357 - 375.

[147] Keynes, J., "Treatise on Money", MacMillan, 1930.

[148] Kyle, A. S., "Continuous Auctions and Insider Trading", *Econometrica*, Vol. 53, 1985, Jun., pp. 1315 - 1334.

[149] Lin, H., J. Wang, C. Wu, "Liquidity Risk and Expected Corporate Bond Returns", *Journal of Financial Economics*, Vol. 99, 2011, pp. 628 - 650.

[150] Lintner, J., "The Valuation of Risk Assets and the Selection of Risky Investments in Stock Portfolios and Capital Budgets", *Review of Economics and Statistics*, Vol. 47, 1965, pp. 13 - 37.

[151] Longstaff, F., S. Mithal, E. Neis, "Corporate Yield Spreads: Default Risk or Liquidity? New Evidence from the Credit - default Swap Market", *Journal of Finance*, Vol. 99, 2005, Oct., pp. 2213 - 2253.

[152] Lynch A. W., Tan, S., "Explaining the Magnitude of Liquidity Premia: the Roles of Return Predictability, Wealth Shocks and State - dependent Transaction Costs", Unpublished Working Paper, New York University, 2003.

[153] Mark M. Carhart, "On Persistence in Mutual Fund Performance", *The Journal of Finance*, Vol. 52, 1997, Mar., pp. 57 - 82.

[154] Markowitz H., "Portfolio Selection", *Journal of Finance*, Vol. 7, 1952, Mar., pp. 77 - 91.

[155] Marsh, T., Rock K., "Exchange Listing and Liquidity: A Comparison of the American Stock Exchange with the NASDAQ National Market System", American Stock Exchange Transac-

tions Data Research Project, No. 2, Jan., 1986.

[156] Martin, P., "Analysis of the Impact of Competitive Rates on the Liquidity of NYSE Stocks", *Economic Staff Papers* 75 - 3, Securities and Exchange Commission, 1975, July.

[157] Massimb, M., Phelps, B., "Electronic Trading, Market Structure, and Liquidity", *Financial Analysts Journal*, Vol. 50, 1994, Jan - Feb, pp. 29 - 50.

[158] Mossin, J., "Equilibrium in a Capital Asset Market", *Econometrica*, Vol. 35, 1966, pp. 768 - 783.

[159] Pastor, L., R. Stambaugh, "Liquidity Risk and Expected Stock Returns", *Journal of Political Economy*, Vol. 111, 2003, Jun., pp. 642 - 685.

[160] Petersen, M. A., "Estimating Standard Errors in Fnance Panel Data sets: Comparing Approaches", *Review of Financial Studies*, Vol. 22, 2009, pp. 435 - 480.

[161] Reinganum, M., "Misspecification of Capital Asset Pricing: Empirical Anomalies Based on Earnings Yields and Market Value", *Journal of Financial Economics*, Vol. 9, 1981, pp. 19 - 46.

[162] Roll, R., "A Possible Explanation of the Small Firm Effect", *The Journal of Finance*, Vol. 36, 1981, Sep., pp. 879 - 888.

[163] Roll, R. A., "Simple Implicit Measure of the Effective Bid - ask Spread in an Efficient Market", *Journal of Finance*, Vol. 39, 1984, pp. 1127 - 1139.

[164] Rosenberg, B., K. Reid, R. Lanstein, "Persuasive Evidence of Market Inefficiency", *Journal of Portfolio Management*, Vol. 11, 1985, pp. 9 - 17.

[165] Ross, S., "The Arbitrage Theory of Capital Asset Pricing", *Journal of Economic Theory*, Vol. 13, 1976, pp. 341 - 360.

[166] Sadka, R., "Momentum, Liquidity Risk, and Limits to Arbitrage", Unpublished Working Paper, Northwestern University, 2002.

[167] Sarig, O. , A. Warga, "Bond Price Data and Bond Market Liquidity", *Journal of Financial and Quantitative Analysis*, Vol. 24, 1989, pp. 367 – 378.

[168] Scalia A. , Vacca V. , "Does Market Transparency Matter?: a Case Study", Working Paper, Bank of Italy, Number 359, 1999.

[169] Schultz, P. , "Corporate Bond Trading Costs: A Peek Behind the Curtain", *Journal of Finance*, Vol. 56, 2001, pp. 677 – 698.

[170] Sharpe, W. , "Capital Asset Prices: A Theory of Market Equilibrium under Conditions of Risk", *Journal of Finance*, Vol. 19, 1964, pp. 425 – 442.

[171] Stattman, D. , "Book Values and Stock Returns, The Chicago MBA", *A Journal of Selected Papers*, Vol. 4, 1980, pp. 25 – 45.

[172] Tanner E. , Kochin L. , "The Determinants of the Sifference between Bid and Ask Price on Government Bonds", *Journal of Business*, Vol. 44, 1971, pp. 375 – 379.

[173] Tobin, T. , "Liquidity Preference on Behavior towards Risk", *Review of Economic Studies*, Vol. 25, 1958, pp. 68 – 85.

[174] Underwood S. , "The Cross – market Information Content of Stock and Bond Order Flow", *Journal of Financial Markets*, Vol. 12, 2009, pp. 268 – 289.

[175] Wang, A. W. , "Institutional Equity Flows, Liquidity Risk and Asset Pricing", Unpublished Working Paper, University of California, Los Angeles, 2002.

[176] Werner F. M. , De Bondt, Richard H. , "Further Evidence on Investor Overreaction and Stock Market Seasonality", *The Journal of Finance*, Vol. 42, 1986, Dec. , pp. 557 – 581.

[177] Wong K. A. , Lye M. S. , "Market Values, Earnings Yields and Stock Returns: Evidence from Singapore", *Journal of Banking and Finance*, Vol. 14, 1990, pp. 311 – 326.

后　记

书稿完成之际，回首过往，感慨万千，感谢东财的三年时光，使我度过了一段平静、单纯而又美好的岁月，感谢三年中我的老师、同学，还有很多帮助我、关心我的朋友，谢谢你们！

首先要感谢我的导师邢天才教授，邢老师是我的老师，更是我的恩人，能够成为邢老师的学生，得到邢老师的悉心指导，是我的幸运，也是我的福气。邢老师身兼教学、管理数职，一年 365 天，没有休息日，没有节假日，但对于学生的指导从来没有放松过，老师总是定期地和我们展开学术上的交流和讨论，总是能敏锐地捕捉到当前金融研究的热点问题，提供给我们作为论文的参考方向。我的论文从开始的选题、框架设计、收集资料到论文完成的每一步都凝结着老师的心血与汗水，正是老师给我提供了大量的数据资料和建议，细心地给我指出错误，才使我的博士论文顺利完成。同时老师又在生活上给予我们无微不至的关心，老师更像是一位长辈，给了我们这些远离家乡的学生们无限的温暖和包容，使我们备受感动。老师严谨的治学态度，精益求精的工作作风，诲人不倦的高尚师德，平易近人的人格魅力都令我由衷的钦佩，三年来师从邢老师，不仅使我学习了专业知识，掌握了学术研究方法，更使我明白了许多接人待物和为人处世的道理。在此谨向导师致以崇高的敬意和由衷的感谢，希望老师今后要多注意身体，不要太过劳累。

感谢参与预答辩的赵进文教授、刘丽巍教授和王晓枫教授，是他们为我的论文提出了大量宝贵意见，使得论文更加完善。在博士学习阶段我有幸聆听了赵进文教授、王振山教授、王志强教授、董普教授、孙刚教授、史永东教授的课程，他们扎实的专业功底、丰富的学术理论和开阔的研究思路都令我深深折服，与老师们每一次的交流都使我受益匪浅。

感谢我所在单位河北经贸大学金融学院的领导和同事的关怀与帮助，是你们主动分担了我的工作，为我营造了便利的学习条件，减轻了我的学习压力。

感谢读博期间同学们给予我的帮助，感谢同门吉敏博士、张阁博士、于菁博士、袁野博士、康含彬博士，感谢同窗好友来志勤、薛文忠、张大凯、申向伟、曹云波、王晨姝、成罗英、陈乾坤、李凯、李海霞、熊艳、王岭等对我的帮助，你们的鼓励和支持使我感受到了真挚的友情和温暖。

我要特别感谢我的父母、弟弟和我的爱人，感谢父母多年来对我的培养与教育，你们无怨无悔的付出给了我强大的精神支持和前进的动力；感谢我的弟弟，谢谢你给我的鼓励与帮助，谢谢你开朗、幽默的性格带给我的欢声笑语；谢谢我的爱人项海东，谢谢你在我读书期间主动承担了照顾老人和家庭的责任，一直鼓励我、支持我继续前行！

得到老师、同学、朋友和家人的关心与帮助是我的幸运，我将把这份感激之情铭记于心中，常存一颗感恩的心！

本书的撰写得到了河北省社会科学基金项目（HB14YJ045）、河北省社会发展研究项目（2014040402）、河北省高等学校人文社会科学研究青年拔尖项目（BJ2016071）的资助。本书的出版还得到了河北经贸大学学术著作出版基金和金融学省级重点学科经费的资助，在此表示衷心的感谢！

王晓翌

2016 年 6 月于河北经贸大学